KB212906

1·2·3 성공법칙 유머

한 번 보면 유머, 두 번 보면 잠언

-당신의 말 한마디가 성공을 부른다-

1·2·3 성공법칙 유머

한 번 보면 유머, 두 번 보면 잠언

-당신의 말 한마디가 성공을 부른다-

이건영 지음

정희순 그림

좋은책으로 하나님의 사람을 만들어가는 엘맨

머리말

대부분의 사람들은 한 겨울 난로 위에서 끓고 있는 물주전자를 무심코 바라보기만 합니다. 하지만 와트(Watt)는 그 주전자를 보면서 증기 기관차를 꿈꾸었고, 그 꿈을 이루었습니다. 우리들은 커다란 바위 앞에 서면 그저 그것을 잠시 바라볼 뿐입니다. 하지만 조각가 로댕(Rodin)은 그 바위에서 인생을 깊이 사색하는 젊은이를 그렸습니다. 그리고 얼마 후 그 유명한 '생각하는 사람'을 조각하였습니다.

우리들은 많은 것을 보고 경험합니다. 하지만 보는 것만큼 중요한 것은 그것을 통해 생각하고 꿈을 꾸는 것입니다. 교훈을 얻는 것입니다. 그리스도인이라면 더욱이 하나님의 음성을 들을 수 있어야 할 것입니다. 꿈을 꾸고, 깨닫게 된 하나님의 음성에 순종하며 행동하게 될 때에 하나님께 영광을 돌리게 되는 것입니다.

하지만 현대의 한국교회 내에서는 자기의 생각과 판단의 감옥에 갇혀 있는 사람들이 점점 많아지고 있습니다. 또한 비판을 위한 비판의 장터에서 소리질러대는 교인들도 때때로 보게 됩니다. 그 결과 성별이 아니고, 잘못된 차별의식 속에 불신자들에게 건전한 교회도 함께 비난을 받는 것을 보면서 이러다가 한국교회가 성장의 정점을 치고 내리막길로 달려가지 않을까 걱정이 됩니다.

이제는 가정과 이웃, 사회 속에서 상식이 통하는 교회와 교인들이 되기 위한 꿈을 꾸어야 합니다. 기독교 영성이란 무엇입니까? 자신을 구원해 주신 예수님을 닮는 것입니다. 또한 예수님의 삶을 그림자라도 닮아가는 것입니다. 우리들이 예수님을 닮은 모습을 보일 때, 대화와 소통 그리고 합의와 화해를 만들어내는 모습을 회복하게 될 것입니다.

어떻게 가능할까요? 묵상하는 것입니다. 묵상은 명상처럼 비우는 것이 아니라, 하나님의 말씀으로 자신의 마음과 생각을 채우는 것입니다. 우리 안에 이미 받은 하나님의 말씀이 점점 충만하도록 채우는 것입니다. 그리고 그 말씀이 삶 속에 역사하실 때까지 채우는 것입니다.

이 글이 예수님의 모습을 닮아가기를 원하며, 신불신을 막론하고 함께 살아가는 사람들과 소통하며 하나님의 빛을 드러내기를 원하는 성도들에게 한 번 읽으면 웃음을 주는 유머이지만, 다시 한 번 묵상할 때 하나님께서 우리 자신에게 들려주시는 잠언과 같은 교훈이 되기를 소망합니다.

여러 곳에서 요청되는 칼럼을 쓰기 위해서는 바쁜 목회 일정 가운데 말씀을 묵상하고, 성도들과의 만남과 여러 가지 일들을 스치듯 놓치지 않고 기억하기 위해 메모해 두는 습관은 이미 제게 너무나도 익숙한 일이 되었습니다. 필요한 분에게는 거리낌 없이 제 유머 칼럼 원고를 드리기도 하였습니다. 그것은 하나님께서 주신 소중한 깨달음과 말씀을 더욱 많은 분들과 나누게 되면, 그분들이 더 하나님의 뜻과 가까워지는 삶을 살게 될 것이라고 여기기 때문입니다. 그동안의 칼럼들을 모아 이렇게 한 권의 책으로 발간하게 된 것도 그래서 제게는 큰 기쁨입니다. 이제 우리 안에 받게 될 하나님의 말씀이 충만하게 거하도록 채우는 것은 여러분의 몫입니다. 그러면 그 말씀이 여러분의 삶 속에 역사하시기 시작할 것입니다.

항상 보일 듯이 보일 듯이 보이지 않게 제 옆에서 내조하며 동역해 준 사랑하는 아내에게 감사의 마음을 전합니다. 또한 저의 목회에 한 마음으로 동역해 주시고 평안한 교회, 좋은 교회로 소문날 수 있도록 섬겨주신 장로님들께도 감사의 마음을 전합니다. 사랑하는 인천제2교회 성도들의 따뜻한 격려와 기도가 저에게 기쁨이 됩니다. 이 모든 것을 가능하게 해주신 살아계신 하나님 아버지께 모든 영광을 올려드립니다.

2013년 6월
지은이 이건영 목사

CONTENTS

1 가정생활

② 교회생활

3 성화

4 신앙일반

5 언어생활

1

가정생활

노하기를 더디 하라!

우리들의 머릿속에는 잠재의식이 자리를 잡고 있습니다. 그래서 무엇을 질문하면 때론 그것이 무의식적으로 튀여 나오기도 합니다. 만두 장사를 하시는 분이 제일 듣기 싫어하는 소리는 "속 터진다!"입니다. 세탁소 주인에게 제일 좋아하는 차(茶)가 무엇이냐고 질문하면 '구기자차'라할 수 있습니다. 전화국에서 근무하는 분에게 내용은 별로 없는데 등장인물만 많은 것이 무엇이냐고 질문하시면 아마도 "전화번호부!"라고 말씀하실 분이 있을 것입니다. 늘 집에서 혼나면서 살아가는 아이에게 들기름과 참기름을 섞으면 어떻게 되냐고 갑자기 물어보면 "엄마한테 혼나거나 혹 엄마 기분 나쁜 날은 얻어맞지요!"라고 할 것입니다.

동전에 양면이 있듯이 자녀교육에도 양면성이 있어야 합니다. 권면이나 징계를 해야 할 것이나 동시에 격려와 칭찬도 아끼지 말아야 합니다. 우리 자녀들이 듣고 싶어 하는 칭찬은 대개 7가지입니다. 첫째, 엄마 아빠는 너 만할 때 너보다 더 못했단다. 둘째, 너의 솔직한 그 말과 모습이 도리어 마음에 드는구나. 셋째, 네가 내 자식이라는 것이 자랑스럽다! 넷째, 그만하면 정말 잘했어, 엄마 아빠가 인정하면 된 것 아니니? 다섯째,

누가 무엇이라 해도 나는 너를 끝까지 믿는다! 여섯 번째, 정말 고생했구나, 이젠 좀 쉬어라! 일곱 번째, 네가 있어 엄마 아빠가 얼마나 든든한지 넌 모르지?

칭찬과 격려는 고래 뿐 아니라 사람도 춤추게 만듭니다. 어느 집에 참으로 공부를 못하는 아이가 있었습니다. 하루는 너무 화가 난 엄마가 그 아이를 앞에 놓고 "도대체 넌 누구를 닮아서 그렇게 공부를 못하냐? 하루에 10분이라도 책상에 앉아 있어야지! 어휴 속 터져!" 그러자 이 아들은 조금도 미안한 기색도 없이 당당하게 엄마를 향하여 이렇게 말하였다고 합니다.

"엄마, 엄마는 에디슨도 몰라요? 에디슨도 공부를 못하였지만 결국 전 세계적인 발명가가 되지 않았어요? 학교 성적이 전부가 아니란 말이에요!" 그러자 더욱 화가 난 이 엄마가 아들을 향해 이렇게 소리를 내 질렀다고 합니다. "야, 임마! 에디슨은 영어라도 잘 했는데 넌 뭐야?"

성경은 부모들에게 말씀하십니다. "노하기를 더디 하는 것이 사람의 슬기요 허물을 용서하는 것이 자기의 영광이니라"(잠19:11). 자녀를 향하여 노하지 말라는 것이 아닙니다. '더디 할 줄 알아야 한다'는 하나님의 음성입니다. 쉽게 분노하고 급하게 화를 쏟아내는 것의 위험한 결과를 경계하는 말씀입니다. 아무리 화나는 일이 있더라도 조금만 더 인내하고 깊이 생각하며 하나님께 자녀교육을 온전히 맡기는 기도를 쉬지 아니하면 하나님께서 친히 역사하실 것입니다. 그래서 시편기자는 "보라 자식들은 여호와의 기업이요 태의 열매는 그의 상급이로다"(시127:3)라고 말씀하셨습니다.

자녀는 내 것이 아닙니다. 하나님의 소유입니다. 하나님의 것을 함부로 책망하고 분노하기 보다는 하나님께 맡긴 증거가 있어야 합니다. 그 맡긴 증거는 자녀의 허물을 용서하고 격려하고자 하는 배려일 것입니다. 아주 작은 것부터라도 시작해야 합니다. 지난날은 어찌하였든지 말입니다. 원래 그렇게 하지 않던 부모가 그런 용서와 격려를 아주 작은 것이라도 행동으로 보이면 늘 그런 용서와 사랑을 받았던 자녀보다 그 효과와 반전은 더욱 강하게 자녀의 삶 속에 나타날 것입니다.

당황과 황당의 차이점

'당황'과 '황당'의 차이는 무엇입니까?

한적한 시골길, 너무 급하여 어느 트럭 옆에서 소변을 해결해야 할 상황은 당황입니다. 그러나 그 트럭기사가 낮잠에서 깨어 트럭이 출발하면 황당한 일입니다. 그것을 멈출 수도 없고 계속 할 수도 없으니 말입니다. 주일예배 때 목사님 설교 원고가 선풍기에 흔들리면 당황입니다. 그러나 날아가 버리면 황당입니다. 이마에서 삼계탕 진국이 흘러 나올 사건입니다.

성경을 가르치던 중 "아멘!"할 타이밍이 아닌데 갑자기 아멘하면 당황입니다. 그러나 "아멘! 아멘! 아멘!" 즉 '쓰리 아멘'하면 황당한 것입니다. 초등학생이 우리 엄마가 그러는데 경찰은 시민의 지팡이고 도움이 필요하면 언제든지 도와주신다고 했다며 신발 끈을 묶어 달라면 당황입니다. 그러나 다시 풀어서 느슨하게 묶어 달라면 황당할 것입니다.

요즘 황당한 유머가 있습니다. 그러나 적지 않은 가정의 현실이기도 합니다. 남편이 집에서 한 끼 식사도 하지 않으면 아내가 "영식님!"이라고 호칭합니다. 한 끼 정도 먹어 주면 "일식씨!" 부른답니다. 감히 두 끼를 먹으면 "두식군!"이라 부를 때 목소리에서 가시가 돋아난다고 합니다. 그리고 만일 세 끼를 꼬박꼬박 챙겨 먹으면 "삼식X!"이란 육두문자가 터져 나온다고 합니다. 과장된 이야기지만 급변하는 부부현실을 풍자하는 것은 사실인 듯합니다.

남편이 가정에서 식사를 해결해 나가는 일이 이제는 당황해야 할 현실에서 황당한 현실로 변하고 있습니다. 특히 남편이 아침식사를 빵과 우유로 하지 않고 꼭 밥으로 해결해야 하는 가정에서는 그것이 갈등의 원인이 되기도 합니다. 그 갈등이 확대되어 정신적 별거 및 이혼의 단계까지 가는 부부도 있습니다. 부부간에 서로 원치 않았던 나비효과가 나타났기 때문입니다. 또한 집에서 어르신을 모시고 사는 교인에게는 식사문제가 역시 이마에서 삼계탕 국물 흐르듯이 참 어렵고 힘든 난제입니다.

이런 문제를 해결하지 못한 여성들에게는 두 가지 현상이 나타납니다. 첫째, 스스로 고독한 자가 됩니다. 고독의 원인은 과도한 자기중심적 판단의 연속이기 때문입니다. 가족에게 베풀기 보다는 받는 것만 집중하다가 어느 날 고독해진 자신을 발견하는 것은 비참한 일입니다. 둘째, 결국 자신이 최대의 피해자가 됩니다. 용서하지 못한 사람이 상대방보다 더 큰 피해자가 되듯이 말입니다. 그 결과 고집이 세지고 얼굴까지

변하게 됩니다.

　누구를 위해 식사를 준비한다는 것은 사랑입니다. 다윗이 수많은 사람들 중 므비보셋을 자기 식탁에 초대한 것은 최고의 사랑을 표현한 것입니다. 예수님께서 그 많은 무리들 중에 열두 제자를 식탁에 초대한 것도 다함이 없는 사랑의 증표였습니다. 식탁은 사랑하는 사람들끼리 앉을 수 있는 곳이기 때문입니다. 특히 가정에서의 식탁은 더 이상 말할 필요가 없을 것입니다. 아내 혹은 엄마는 식사를 준비하는 기쁨을 회복하며 동시에 아빠와 자녀들은 그 식탁에서 감사와 감탄을 연발할 때 그 곳이 바로 작은 천국 같은 가정일 것입니다.

덕분에……

"오늘 점심식사는 천국에 가신 저의 어머님께서 대접하는 것과 같습니다.

80대 중반을 천천히 걸어가시는 노(老) 장로님이셨습니다. 그러나 얼굴에 주름을 찾아보기 정말 힘든 장로님이셨습니다. 그래서 그 교회 교인들이 장로님을 부르는 애칭이 이러하였습니다. '보톡스 장로님!' 성품은 밝고 친절하여 많은 교회 후배들이 본받고 싶은 분이라고 합니다. 그 장로님께서 부흥사경회 중 저에게 점심식사를 대접하며 이런 말씀을 하셨습니다.

"목사님, 오늘 점심은 천국에 가신 저의 어머님께서 대접하는 것이라 생각해 주세요. 저는 모태신앙입니다. 어려서부터 교회에서 부흥회가 개최되면 저의 어머님께서 정성을 다하여 강사 목사님의 식사를 대접하셨답니다. 그 때는 이렇게 식당에서 대접하는 것이 아니라 집에서 했죠. 그래서 제가 일 년 중 제일 맛있는 것들을 먹는 날이 바로 부흥회하는 날이었답니다. 또한 저는 그 당시 꽤 이름 있는 목사님들을 직접 뵐 수

있는 영광을 얻었습니다. 지금 어머님은 돌아가셨으나 그 때 그것을 보고 자란대로 저도 늘 이렇게 부흥강사님을 대접하고 있습니다."

그 장로님의 부인께서 곁에 앉아 잔잔한 미소로 남편의 말씀에 동의하고 있었습니다. '이런 것이 바로 금은보화보다 더 귀한 자녀를 위한 신앙의 유산이구나!'라는 생각이 들었습니다. 그 날은 왠지 음식이 더 맛있었습니다. 식사를 하면서 저도 그 장로님 내외분에게 이런 이야기로 화답을 하였습니다.

"장로님, 실은 저도 우리 부모님 덕분에 이런 좋은 식사를 대접받고 있답니다. 저도 어렸을 때 기억들 중 지금도 선명하게 기억하고 있는 것이 있습니다. 제 부모님도 장로님의 어머님처럼 부흥회가 있으면 늘 강사님 대접을 즐겨하셨습니다. 제 기억으로는 주로 부흥사경회 첫째 날 저녁식사를 대접하셨습니다. 그래서 저 역시 부흥회가 참으로 기대되었습니다. 은혜를 받을 수 있어서가 아니었습니다. 일 년 중 최고로 맛있는 음식을 눈치 보지 않고 마음껏 먹을 수 있었기 때문입니다. 그 때 자원하는 마음으로 강사 목사님들을 대접하시던 부모님 덕분에 제가 이렇게 대접을 받는다고 확신합니다."

구약에서 하나님께서 이런 말씀을 하셨습니다. "너는 네 식물을 물 위에 던지라 여러 날 후에 도로 찾으리라"(전11:1). 또한 신약에서도 예수님께서 비슷한 언약을 하셨습니다. "그러므로 무엇이든지 남에게 대접을 받고자 하는 대로 너희도 남을 대접하라 이것이 율법이요 선지자니라"(마7:12).

인생은 심은 대로 거두는 원리가 적용되는 현장입니다. 신앙적으로 좋은 것이라면 그 무엇이든지 자녀를 위하여 심는 일에 주저함이 없어야 할 것입니다. 특히 절대 예수님에게만 자신의 삶을 의뢰하는 신앙을 심어야 합니다. 그리고 자녀의 일평생 교회생활에 좋은 추억이 간직될만한 경건을 심어야 할 것입니다. 하나님과의 약속인 예배시간을 생명처럼 여겼던 모습, 주의 종에 대하여 최선을 다하여 섬겼던 모습, 어떤 어려움 속에서도 결코 교인들을 비판 및 저주하지 않았던 모습들은 자녀들에게 복된 유산이 될 것입니다. 하나님은 살아계십니다. 그리고 우리를 보고 계십니다.

동반승리 하세요!

어느 유치원에서 특별활동으로 동물원에 갔습니다. 무서운 사자 우리 앞에서 인솔 선생님은 "아프리카 정글에서 제일 무서운 동물은 무엇일까요?" 질문하자 아이들은 일제히 이렇게 대답하였습니다. "사자입니다!" 선생님은 학생들이 너무 기특해서 박수를 치며 다시 한 번 질문을 하였습니다. "그러면 다음 질문을 할게요! 사자가 무서워하는 동물은 과연 무엇일까요?"

아이들은 서로를 바라보며 대답을 하지 못하였습니다. 자기들의 상식으로는 동물의 왕국에서 왕자는 오직 사자였기 때문입니다. 침묵이 잠시 흐를 때 유치원생 대열 뒤에서 사자를 구경하던 중년 아저씨가 큰 소리로 이렇게 대답하였다는 것입니다. "암사자요!" 결혼해서 아내랑 2, 30년 살아 본 사람만이 이해할 수 있는 이야기입니다.

반면, 늘 아내의 사진을 자기 지갑에 넣고 다니는 남편이 있었습니다. 어느 날 아침 아내는 남편의 와이셔츠와 윗도리를 챙겨 드리다가 지갑이 방바닥에 떨어지기에 사랑스러운 목소리로 질문을 하였습니다. "당신 너무 멋있다! 내 사진을 항상 지갑에 넣고 다니니 말이야!" 그 때 남편 왈, "나? 회사에서 아무리 뚜껑이 열리는 일이 있어도 당신 사진만 보면 한순간 안정이 되거든……." "이렇게 오래 같이 살아도 내가 당신에게 그런 소중한 존재라는 것이 행복해요!"라고 아내가 대답하자 남편 하는 말이 가관이었다고 합니다. "그렇고 말고……. 지갑을 열고 당신의 사진을 볼 때마다 나는 늘 내 자신에게 이렇게 말하거든. 이 여자보다 더 큰 문제가 회사나 세상에서 또 어디 있겠나!"

에리히 프롬은 이런 말을 하였습니다. "평생을 함께하는 사랑은 우연히 생기는 것이 아니라 배우고 실천하고 닦아야 하는 기술입니다." 부부 및 결혼의 행복은 선물로 주어지는 것이 아닙니다. 결혼은 행복을 얻을 수 있는 기회를 허락할 뿐입니다. 행복은 부부가 때론 아파하면서 배우고 새롭게 실천하고 만들어가다가 누릴 수 있는 것입니다.

그러므로 자기에게 어울리는 배우자를 선택했다고 행복해지는 것은 아닙니다. 도리어 자신이 상대방에게 어울리는 배필이 되도록 매일 노력함으로 행복은 찾아오는 것입니다. 그런 노력의 결과로 첫째, "내가 이기고 네가 졌어!"라는 말이 사라집니다. 둘째, "그래, 네가 이겼어! 그럼 됐지?"라는 자포자기 언행도 사라집니다. 셋째, 연장전으로 가다가 할 수 있거든 무승부를 만들어내는 부부가 될 것입니다.

그 이유는 그런 부부에게 이미 주어진 말씀과 임재하신 성령께서 행

복으로 초대하기 때문입니다. 성도님은 어떠신지요? 이제 그만큼 같이 살았으면 피차 조금만 양보하고 상대방의 입장에서 그 현실을 해석해야 합니다.

신혼부부들이 모여 남편들은 답을 적고 아내들은 그 대답을 알아맞히는 게임을 하였다고 합니다. "일주일에 한 번씩 먹고 싶은 음식은 무엇입니까?" 어느 남편이 "천원 김밥"이라고 적자 아내가 놀라면서 "여보, 우리는 매일 저녁마다 그 천원 김밥을 사다 먹고 자잖아요!" 그러자 남편이 힘없이 대답하기를 "나도 알지. 하지만 그 김밥을 일주일에 한 번만 먹었으면 좋겠어요!"라고 하였답니다. 부부는 상대가 정말 무엇을 원하는지 알기 위해 관심을 기울이기 시작할 때 무승부는 결국 동반승리가 될 것입니다.

두발용?

남자 목욕탕에 어린 아들을 데리고 온 아빠가 목욕을 마쳤습니다. 그리고 거울 앞에서 포마드 크림을 머리에 바르며 멋을 부리는 것을 아들이 지켜보고 있었습니다. 호기심이 많은 나이라 그런지 아빠가 바른 포마드 크림통을 가져와 이리 저리 살펴보더니 아빠에게 정색을 하며 말하였습니다. "아빠! 이거 머리에 바르면 절대 안 돼! 발에 바르는 거야!" 그 아빠는 내가 무슨 실수를 했구나 하는 마음에 이유를 물어보자 이 녀석이 그 통을 보여 주었습니다. 포마드 통에는 이런 글씨가 선명하게 쓰여 있었습니다. "두발용"

차량으로 들판을 달리던 남자가 강가를 만나게 되었습니다. 건너가도 될 것 같으면서 또한 안 될 것도 같아 강가에서 놀고 있는 아이에게 물어보았습니다. "애야! 이 강이 깊냐?" "아니요, 아주 얕아요!" 그 아이의 말만 믿고 차량을 몰고 강가로 들어갔습니다. 근데 이게 웬일입니까? 강이 깊어 차량이 물 깊이 빠져 큰일 날 뻔하였습니다. 그래서 다시 돌아온 이 남자가 아이에게 큰소리로 책망하자 이렇게 대답하더라는 것입니다. "어? 이상하다? 방금 전에 오리도 가슴 밖에 차지 않았는데… 왜 그

렇지?"

가끔 TV를 보면 기인들이 나와서 면도칼을 씹어 먹거나, 자기 갈비뼈를 차력으로 꺼내는 장면을 보여줍니다. 그 때마다 "이런 장면을 절대 따라하면 안 됩니다!"라는 자막을 꼭 내보냅니다. 그냥 시청하는 어린 아이 혹은 청소년들이 알아서 판단하도록 놔두면 될 것 같은데 말입니다. 그 이유는 그런 대중매체를 통하여 어린이, 청소년, 청년들은 강력하고 평생 가는 악영향을 끼칠 수 있으며 그 결과적 아픔을 평생 간직하며 여생을 힘들게 살아가게 하는 원인이 될 수 있기 때문입니다. 이것을 '사회 학습'이라고 말합니다.

이런 사회학습은 가정학습도 있을 수 있다는 가능성을 알려 줍니다. 어린 자녀들에게는 '두발용' 혹은 '오리도 가슴 밖에 차지 않았는데…!' 정도의 판단력 밖에 없습니다. 그러나 모방심리는 넘칩니다. 붕어빵 틀에서는 붕어빵만 만들어집니다. 병아리빵은 결코 만들어지지 않습니다. 집안 내력은 은혜로 되는 것이 아닙니다. 부모님의 결단과 희생으로 만들어지는 것입니다.

'부전자전'이란 아버지가 전씨면 아들도 전씨라는 사오정 같은 해석도 있습니다. 특히 우리 기독교인으로서의 부모상은 더 없이 중요합니다. 자녀들의 영혼구원과 신앙생활 성장이라는 엄청난 과업이 있기 때문입니다. 예수님께서는 자신을 따르려면 자기 십자가를 지고 자기를 부인하고 따르는 결단이 있어야 할 것을 말씀하셨습니다. 우리는 자신을 자신 밖에서 볼 줄 알아야 합니다. '지금 이 시간 내가 져야 할 십자가는 무엇일까? 내가 자녀를 위하여 부인하고 결단해야 할 것은 무엇일까?' 그것이 자녀교육 성공의 첫걸음입니다.

늦었다고 할 그 때가 다시 성령님을 모시고 시작해야 할 때입니다. 모든 때는 하나님께 속하였으며 하나님께서 주관하시기 때문입니다.

볼매

자녀 및 젊은이들과의 세대 차이를 세대 공감으로 만들기에는 참으로 어려운 장애물들이 많이 있습니다. 그 중 그들이 사용하는 언어 때문에 우리는 어려움을 겪기도 합니다. 마치 외계인들이 사용하는 외계어 같은 단어들이 때론 우리들을 당황하게 합니다.

청소년들이 자주 사용하는 '솔짜'를 아시는지요? "솔직히 짜증난다"는 말입니다. "와~ 쩐다!"는 아주 예쁘거나 반대로 정말 못 생긴 사람을 두고 하는 말입니다. "완전 갈비네!"는 "완전히 갈수록 비호감이네!"라는 의미로 사용됩니다.

자녀가 "엄마, 안습이다!"라고 말할 때 무슨 뜻인지 알지 못해 되물어 보신적이 계신지요? '안습'이란 '안스럽다'는 뜻이라고 합니다. '볼매'는 '볼수록 매력적'이라는 의미입니다. 요새 교회건축을 위해 동분서주하는 저도 때론 그런 문자를 받아 보기도 합니다. "목사님, 힘내삼!" 저에게 힘내라는 격려의 문자 메시지입니다.

지금까지 우리 어른들은 사진을 찍을 때 같이 웃으며 찍자고 늘 "김치~!"를 외쳤습니다. 그러나 젊은이들은 양 입가를 올려 미소를 지으며 찍자고 "멸치~!"합니다. 때론 "갈치~!", "위스키~!" 어떤 녀석은 "앙아치~!"라고 소리를 질러 웃기도 합니다. 그러자 어떤 학생은 한 술을 더 떠 애교스러운 목소리로 이렇게 외쳤습니다. "개~새끼이?!"

물론 그런 그들에게 표준어를 사용하라고 권면하는 것이 마땅할 것입니다. 그러나 동시에 그들의 언어와 생각을 이해하고 인정해 주는 미소와 관심은 더욱 세대 공감의 원천이 될 것입니다.

헤롯은 높은 울타리를 치고 자신 외에 그 누구와 그 무엇도 인정하지 않았습니다. 오직 자신만이 왕이었습니다. 그러나 예수님은 만물의 주인이면서도 외양간에서 태어나셨습니다. 만왕의 왕이면서도 종처럼 낮아지셨습니다. 하나님이시면서 하나님을 위하여 죄인처럼 되어 죄인들과 함께하셨습니다. 생명의 근원이시면서 많은 인생들의 구원을 위해 스스로 생명을 버리셨습니다. 그리고 지금은 성령으로 우리와 함께 동행해 주십니다. 낮아지고 죄인과 같이 되셨으나 예수님은 여전히 진정한 왕이십니다.

그러므로 성도들은 자기 자녀 및 주일학생들과의 관계에서 '낮아짐'과 '같이함'을 겸비해야 합니다. 그들을 이해하고 품어주면 그들도 우리를 존경하며 존중할 것입니다. 우리들은 늘 "부모님들은 우리를 기다리지

않는다."라고 말하였습니다. 그러나 놀랍게도 "자녀들도 우리를 기다리지 않는다."는 것을 무시하며 살아가고 있습니다.

지금 자신의 자녀를 향하여 어떻게 낮아질 것과 무엇으로 같이 해야 할 것인지를 성도님만큼 잘 아는 분은 없을 것입니다. 신앙은 이론이 아닙니다. 실천입니다. 오늘도 만일 또 화를 참지 못하고 "머리에 피도 안 마른 녀석이 말이야!" 한다면 자녀 역시 오늘도 속으로 이렇게 말하며 자기 방으로 갈 것입니다. "머리에 피 마르면 죽어요!" 그러나 "그래, 좀 이해가 된다!" 혹은 "그래, 계속 이야기 해 봐! 말 중간에 끊지 않을게!" 한다면 놀라운 일이 생길 것입니다. 그리고 자녀들이 헤롯 같은 왕이 아니라 예수님 같은 왕으로 엄마와 아빠를 섬길 것입니다.

"설마 성도님의 아내가 욘사마와 무슨 일이 있겠습니까?"

일본에서의 욘사마 열풍은 가히 태풍이라고 할 정도였습니다.

배용준씨를 향한 일본 여자들의 나이를 초월한 사모함은 이제 상식이 되었습니다. 그 원인은 무엇이라고 생각하시는지요? 잘 생긴 외모 때문일까요? 그 정도의 얼짱은 우리나라 혹은 일본 내에도 꽤 많기에 설득력이 없습니다. 다만 그의 '겨울 연가' 연속극 중에서의 자상한 성품 때문일 것입니다.

여자의 말을 끝까지 들어주는 모습, 항상 이해해 주며 같은 마음으로 동참하는 모습, 어느 곳이나 같이 동행해 주는 모습, 특히 어려울 때 더욱 가까이 곁에 있어 주는 모습을 통하여 감동을 받은 것입니다. 솔직히 지금 자기 곁에 있는 그 남편과 너무나 다른 이상형 남자를 보았기 때문입니다. 그래서 일부 일본여성들은 자기 집에 있던 우상 및 형상을 과감히 던져 버리고 배용준씨의 사진을 걸어 놓았다고 합니다. 집에 있던 그 작고 큰 형상들은 남편을 통하여 아픔을 당하고 있는 자신들을 위로하

지 못했습니다. 즉 새 힘과 기쁨, 그리고 회복을 주지 못했으며 지금의 우울증에 더욱 휘발유를 붓고 있을 뿐이었습니다. 그런데 욘사마를 통하여 드디어 위로를, 새 힘을, 삶의 기쁨과 용기를, 그리고 우울증까지 등 뒤로 던지게 되었습니다. 남편은 여전히 변하지 않았으나 배용준씨를 통하여 자신은 큰 보상을 받은 것입니다.

일본이나 배용준씨를 제외한 한국의 남편들이 아직도 모르거나 잘 이행하지 못하는 것이 있습니다. 그것은 아내의 나이 50이 넘으면 남편이 꼭 지켜야 할 것 3가지입니다. 첫째, 아내의 말씀을 중간에 끊지 말 것, 둘째, 아내가 말씀하실 때 귀를 쫑긋 세워 진지하게 들을 것, 셋째, 아내가 말씀하시는 동안 신문이나 텔레비전에 눈길을 주지 않을 것입니다.

그러나 욘사마는 그렇지 않았습니다. 그러므로 자기 아내에게 배용준처럼 해 줄 수 없다면 아내가 욘사마를 좋아해도 크게 화낼 이유는 없지 않을까요? 자기가 해 주지도 못하면서 무조건 자기만 바라보며 살라는 것은 일종의 고문입니다. 그렇다고 실망하지는 마세요. "설마, 성도님의 아내가 욘사마와 무슨 일이 있겠습니까?" 안심하세요. 다만 아내로서 옆집 아저씨와 썸싱이 있어서는 안 됩니다. 불행해지기 때문입니다.

이제 남편들에게 있는 나쁜 습관들을 버려야 합니다. 이제 그만큼 같이 살았다면 몰라서 못해주는 것은 아닐 것입니다. 알면서도 해 주지 않는 것은 악습입니다. 도리어 아내에 대하여 항상 불평합니다. 쉬지 않고 불평합니다. 범사에 불평합니다. 그래서 어느 부부 결혼 20주년이 되는 해 아들이 아빠에게 이런 질문을 하였다고 합니다. "아빠, 결혼 20주년을 축하해요, 이제는 엄마랑 정으로 사시겠네요?" 그러자 아빠가 이렇게 대답하였다고 합니다. "죽지 못해 산다!"

그래서 늙으면 자식들이 엄마가 자기 집에 오신다면 너무나 좋아합니다. 그러나 아빠가 오신다면 굳이 오시지 말라고 합니다. 오셔야 빨래를 하십니까? 집 청소를 해 주십니까? 아이를 제대로 봐 주십니까? 엄마에게 대했던 지난날 아빠의 모습 속에 별로 좋은 추억이 있습니까? 이제라도 모든 남편이 되는 성도들은 아내를 왕비처럼 모시는 변화가 있어야 합니다. 그래야 왕이 될 수 있습니다. 미래보장보험을 드는 것입니다.

스타티오(statio)

한 아버지가 아들과 손주를 만나 즐거운 시간을 보내고 싶어 미국 아들 집에 갔습니다. 그러나 실망과 좌절만 안고 일주일 만에 고국으로 돌아왔습니다. 식탁위에 이런 메모만 남겨 놓고 말입니다. "3번아, 잘 있어라! 나 6번은 간다!" 왜냐하면 며느리가 집안 식구들을 부르기 쉽도록 번호를 붙여 놓았기 때문이었습니다.

1번: 손자 녀석(사랑하는 아들). 2번: 며느리(애 엄마). 3번: 아들(애 아빠). 4번: 집에서 기르는 강아지. 5번: 집에 가끔 찾아오는 도둑고양이. 6번: 시아버지. 설마 그랬을까요? 그러나 제 아버님의 평생 친구 분은 집을 아들 명의로 해 주었는데 결국 며느리의 비상식적인 행동으로 그 집에서 쫓겨나고 말았습니다. 딸들이 집을 마련해 줄 때까지 월세 방에서 외롭게 지내셨고 그 때 큰 병을 얻었습니다.

'만사형통'이란 '모든 일은 형을 통하여 이루어진다'라는 해석을 들어보셨는지요? 마찬가지로 요새 가정의 많은 일들은 며느리를 통하여 이루어지는 것 같습니다. 그래서 일부 시부모님과 며느리 사이는 마치 '천재지변'이 되었습니다. '천 번을 봐도 재수 없고 지금 봐도 변함이 없는 대상'이 되고 말았습니다. 며느리는 집안 식구가 아닙니까? 시부모님은 땡 처리 대상입니까? 아닙니다. 가족입니다. 조직체가 아니고 공동체 일원입니다. 서로의 아픔과 기쁨을 공유해야 할 대상입니다. 예수님을 닮아가는 믿음의 성숙함의 첫 번째 현장은 교회가 아닙니다. 가정입니다. 그리고 그 대상은 바로 가족입니다. 행함이 없는 신앙고백과 믿음은 마치 어미 품에 안겨 있는 이미 죽은 아기와 같습니다.

부활하신 주님은 우리를 향하여 무게를 달아서 분노를 표시하지만 은혜와 자비는 무게를 달지 않습니다. 계산하지 않습니다. 거의 무조건적인 사랑과 덮으심뿐입니다. 그러므로 나의 나된 것은 오직 그 분의 은혜와 자비일 뿐입니다. 그리고 자신이 받은 그 자비와 은혜를 가족에게 베풀 줄 아는 것이 바로 행함이 있는 믿음입니다. 복 받을 믿음입니다.

일부 시어머니들은 이렇게 며느리와 사느니 "오늘 밤 자는듯이 세상을 떠나 천국가게 해 달라고"기도하다가, 아침에 일어나면 "하나님, 감사합니다!"라고 한단다. 반대로 교회 다니는 일부 며느리들은 지금도 "시"가 들어가는 찬송가를 싫어한다고 합니다. "너 시험을 당해 범죄치 말고~" 그럼에도 불구하고 좀 더 서로 살아가야 합니다.

옛 수도사들은 스타티오(statio)라는 훈련을 하였습니다. 그 무엇을 행하고 말하였다면 다시 새로운 언행을 행하기 전에 잠시 공백을 가지는 훈련입니다. 즉 두 언행 사이에 묵상하는 공백을 가지는 훈련이었습니다. 그 공백의 묵상을 통하여 타인보다 자신을 먼저 헤아리며 주님의 삶을 자신에게 대입하는 훈련입니다. 신앙은 이론이 아닙니다. 훈련입니다. 그리고 열매입니다.

아내 감동시대

참된 신앙은 하나님을 하나님 되게 하는 것입니다. 마찬가지로 좋은 남편은 아내를 아내 되게 하는 자입니다. 그러나 자기 아내를 친한 친구에게 '보통사람', '보기만 해서는 통 알 수 없는 사람이야!'라고 이야기한다면……. 혹은 '천재지변', '천 번 봐도 재수 없고 지금 봐도 변함없이 재수 없는 여자야!' 투덜댄다면……. 또는 '남존여비', "남자가 존재하지 않는 한 여자는 비참한 것인데 건방지게 까불어!"라고 말한다면 그것은 농담이 아닙니다. 막말입니다.

"이는 남편이 아내의 머리됨이 그리스도께서 교회의 머리됨과 같으니"(엡5:23). 남편이 아내의 머리된다는 의미는 무엇이겠습니까? 아내를 감싸주는 권위를 말하는 것입니다. 다스리는 권위가 아니라 보살피는 권위입니다. 호세아가 몇 번이고 똑같은 실수를 반복하는 아내 고멜를 용납하고 다시 보살피는 것이 바로 남편의 권위입니다. 아내의 머리됨입니다. 우리의 영육을 보살피며 살리시기 위해 십자가에서 죽임 당하신 예수님의 권위입니다.

출산의 때가 되어 하루에 두 세 번씩 고통을 겪는 아내에게 뜬금없이 이런 찬송을 불러대는 남편이 있다면 성령님도 못 말릴 자입니다. "울어도 못하네……. 힘써도 못하네……. 참아도 못하네……. 할 수 없는 죄인이 흉한 죄에 빠져서 어찌 아니 죽을까 참아도 못하네". 하루 종일 아이들과 씨름하다 좀 쉬며 TV 연속극을 보고 있는 아내에게 "당신은 절 세미녀야! 절에 세들어 사는 미친 여자라고……. 하하!" 이건 유머도 아니고 남편도 아닙니다. 원수입니다. 시와 때를 가릴 줄 모르는 남편은 대소변을 가릴 줄 모르는 어린아이일 뿐입니다.

성경이 말하는 머리되는 남편의 권위는 아내의 유익을 구하는 것입니다. 아내가 가장 좋아하며 소망하는 관심사에 동참하는 것입니다. 더 넓은 의미에서는 아내 뿐 아니라 가족의 유익과 기쁨을 위해 때론 자신의 욕망과 삶의 방식을 포기할 줄 아는 것입니다. 그 이유는 성경적 가장은 자기 가족을 대표하여 하나님 앞에 서며, 하나님을 대신하여 가족 앞에 서는 사람이기 때문입니다.

우리 교회에 이런 부부가 있습니다. 부부가 모두 직장에서 일을 하고 있기에 먼저 집에 들어오는 사람이 저녁을 준비합니다. 아침에 바빠서 치우지 못한 방과 욕실을 청소합니다. 방바닥의 휴지와 머리카락도 먼저 들어온 사람의 몫입니다. 그래서 그 집 부부는 서로 늦게 귀가하려고 잔꾀를 부린다고요? 아닙니다. 서로 먼저 들어오려고 합니다. 그 이유는 간단합니다. 참된 권위와 사랑이 무엇인지를 알고 있기 때문입니다.

너무 사소한 일에 목숨을 거는 모습을 자식들 앞에서 보여 줄 필요가 있습니까? 아닙니다. 아이들은 욕하면서 배우기 때문입니다. 우리들이 예수님을 이 땅에 빨리 오시라고 재촉한 것이 아닙니다. 주님께서 먼저 우리를 찾아오신 것입니다. 마찬가지로 남편이요 남자인 우리들이 먼저 섬기면 여자요 아내도 감동할 것입니다. 요새는 아내 감동시대입니다. 집안이 편해야 신앙과 사회생활도 편안해집니다. 기도생활도 힘을 얻을 것입니다.

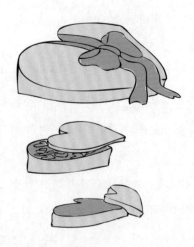

양과 범도 함께 살 수 있습니다.

인질범이 돈이 많아 보이는 할머니를 납치하였습니다. 그리고 그의 며느리의 휴대폰 번호를 알아낸 후 전화를 하였습니다. "너희 시어머니를 내가 인질로 데리고 있다! 오후 5시까지 1억을 가져 오면 죽이지 않고 풀어주마! 그럼…" 인질범이 전화를 끊으려고 할 때 며느리의 "웃기는 소리하네. 당신 마음대로 하시오!"라는 웃음소리를 들었습니다.

그 며느리가 만만한 상대가 아니라고 생각한 인질범은 조기에 포기하는 것이 낫겠다는 생각이 들어 이렇게 대답하였다고 합니다. "그래, 당신 남편이 꽤 힘 있는 자리에 있는 것 같은데 내가 포기하겠다. 조금후에 시어머니를 아파트 정문에 갖다 놓겠으니 모셔가시오!" 그런데 이게 웬일입니까? 그 며느리가 당황하며 황급한 목소리로 이렇게 외쳤다는 것입니다. "여보세요! 납치범님! 아저씨 은행 계좌번호가 어떻게 되시죠?"

양과 범이 한 울타리에서 살 수 없듯이 시어머니와 며느리가 한 지붕 아래서 살 수 없을까요? 그럴 수 있습니다. 그러나 그렇지 않습니다. 만

39

일 성경의 말씀대로 피차 순복한다면 말입니다. 성경은 인간관계에서 절대 일방적인 희생을 강요하지 않습니다. 부부간에도 쌍방의 자세가 동일해야 함을 증거 합니다. "아내들이여 자기 남편에게 복종하기를 주께 하듯 하라"(엡5:22). "남편들아 아내 사랑하기를 그리스도께서 교회를 사랑하시고 그 교회를 위하여 자신을 주심같이 하라"(엡5:25).

부자지간도 마찬가지입니다. "자녀들아 너희 부모에게 순종하라"(엡6:1). "아비들아 너희 자녀를 노엽게 하지 말라"(엡6:4). 고부간에도 마찬가지로 피차 순복하고 희생하면 아름다운 동행을 넘어 영원한 동행도 가능할 것입니다. 시어머니 나오미는 자부 룻을 데리고 갈 수 있는 기회를 포기하였습니다. 며느리의 장래를 위해 자신이 희생한 것이었습니다. 그러나 며느리 룻은 시어머니와 동행하며 그의 종교를 같이 믿을 것을 약속하였습니다. 피차 순복하며 희생한 것입니다. 그 결과 고부간에 피차 하나님의 복을 받은 것입니다.

'똘레랑스'라는 단어가 있습니다. 똘레랑스는 참다, 견디다를 뜻하는 라틴어 tolerare에서 파생된 프랑스어입니다. 영어로는 tolerance로 인내, 아량, 관용을 뜻합니다. 그 뜻은 내가 동의하지 않는 생각과 의견을 용인하는 것을 의미합니다. 좀 더 구체적으로 말하면 내 자신이 동의하지 않는 다른 가족의 의견과 주장을 힘들여 바꿀 수도 있으나 그대로 용인하는 것입니다. 그리고 견디는 것을 의미합니다. 가족 피차간에 이 똘레랑스가 필요한 시대입니다. 그것이 가족 서로 간에 회복을 안겨 줄 이유는 그 때에 비로소 서로에게 여유가 생기며 이해의 폭을 넓혀 서로 다른 의견을 절충하는 시간을 지나 드디어 합일점을 찾는 은총의 공동체 가정이 될 것이기 때문입니다.

초대교회 당시에 두 인물이 피로 문제를 해결하였습니다. 한 명은 혜롯이었는데 결국 그는 그 피로 망하고 비참하게 죽었습니다. 또 한 분은 예수님이셨습니다. 그 분도 역시 피로 문제를 해결했는데 그 피는 보혈이 되어 많은 사람들의 영육이 그분의 그늘 아래서 쉼과 평안, 그리고 회복과 일치를 얻게 되었습니다.

그것이 바로 똘레랑스의 결과입니다. 아직 우리도 늦지 않았습니다. 그러나 기회도 많지 않습니다. 주님이 간절히 말씀하십니다. "가족 피차 간에 일어나라! 그리고 나와 함께 가자!"

어머니

말을 배운지 얼마 되지 않았건만 참 말을 잘하는 어린 아들이 있었습니다.

그의 엄마는 아들에게 말을 시켜보는 재미로 하루하루 살아가는데 어느 날 이런 질문을 해 보았습니다. "너는 이 다음에 커서 무엇이 되고 싶니?" "대통령!" "그럼 그 때 엄마, 아빠 뭐 시켜 줄 거야?" 어린 아들이 잠시 생각하더니 하는 말, "짜장면!" 흔히 아이들 때문에 웃는다고 합니다.

저의 어머니께서 남편의 장례식을 치르시는 동안 웃기는커녕 말씀조차 제대로 한 마디 하지 않았습니다. 저의 가족들은 그런 어머님의 눈치만 보면서 정신없이 조문객들을 맞이하였습니다. 장례식 둘째 날 저녁이었습니다. 어느 젊은 내외가 아주 어린 아이를 데리고 조문을 왔습니다.

조문하려는 순간 그 부부의 아이 둘 곳이 없음을 알고 제 여동생이 재빨리 그 아기를 안고 어머님 앞으로 갔습니다. 어린 아기는 아무런 재롱도 부리지 않았건만 이게 웬일입니까? 처음으로 어머님께서 웃으신 것입니다. 아기를 안고 몇 마디 말씀도 하셨습니다. 그 어떤 위로의 이야기도 그 어르신을 미소 짓게 할 수 없었는데 말입니다.

그것을 보고 장례식이 끝난 후 제 딸이 저에게 이런 이야기를 하였습니다. "이제 홀로 계실 할머니를 위해서라도 아이를 잘 낳아야 할 텐데……." 그런 어머님께서 하관예배 후 취토를 하시고 또 슬피 우시기 시작하였습니다. 제 아내가 부축해 드리며 위로하던 중 어느 집사님께서 다가오셔서 한 마디를 하셨는데 그만 울음을 뚝 그치셨습니다. 금방, 당장에 말입니다. "그렇게 우시면 아들 목사의 마음이 더 아플 것인데요!" 아들 마음이 더 괴로울 것이라는 말 한 마디에 울음을 그치는 분이 바로 어머니이십니다.

한 유대인 어머니에게 두 아들이 있었습니다. 큰 아들은 털외투 제조업자였습니다. 그런데 작은 아들은 아이스크림 장사를 하였습니다. 그 어머니는 늘 두 아들의 인생 성공을 위해 여호와께 이런 기도를 드렸다고 합니다. "하나님! 이 나라에 따뜻한 서리를 내려 주옵소서!"

이 세상에서 하나님을 제일 닮은 사람을 찾는다면 당연히 어머님일 것입니다. 그 이유는 어머니는 고향과 같기 때문입니다. 실패해도 혹은 성공해도 우리들의 마음과 발걸음은 어머니를 찾아갑니다. 외롭고 슬플 때 아버지를 찾아가 하소연하며 우는 아들은 거의 없지 않습니까? 그 까닭은 어머니는 마치 바다와 같기 때문입니다. 그 어느 자녀, 그 무엇이라도 품어 주시는 분이기 때문입니다. 그리고 덮으시고 나누어 주시는 분이시기 때문입니다. 그러면서도 장미처럼 붉지도 않고 백합처럼 꽃잎이 뚜렷하지도 않습니다. 마치 카네이션처럼 수수하며 늘 자신을 나타내지 않습니다.

그러므로 어머님이 아직 살아 계실 때 더 잘합시다! 이미 돌아가셨으면 교회 어르신 권사님, 혹은 연세 드신 집사님들에게 기도와 물질로 효도합시다! 주 안에서 잘되고 장수하는 은총을 받을 것입니다(엡6:1).

여보, 사망해!

시골에 살던 청년이 대구에 와서 직장을 얻게 되었습니다.

쓰는 돈보다 저축하는 돈이 더 많았습니다. 그래서 월세에서 전세로, 전세에서 드디어 작은 빌라를 마련하게 되었습니다. 물론 대출을 얻었기에 갚아야 할 일이 태산이지만 너무 기뻐 시골의 부모님께 전화를 드렸습니다.

"아버지, 드디어 방 두 개 있는 작은 빌라를 구입하였는데 어머님과 함께 한 번 다녀가시죠? 위치는 대구 봉덕동 파출소 근처에 맨션 빌라 301동입니다!" "그래, 수고했다. 내일 점심 때 쯤에 도착하마!" 그런데 약속한 시간이 훨씬 지났건만 부모님은 오시지 않았습니다.

궁금하던 차에 아버님께서 전화를 주셨습니다. "아버님, 왜 아직 안 오시고 계십니까?" "야! 여기가 봉덕동은 맞긴 맞는데 빈손 빌라는 없다 한다. 아니가?" "아버지, 빈손이 아니라 맨션이에요, 맨션…!" 그 때 아버지 왈, "이놈의 자식아, 빈손이나 맨손이나 같은 말 아니가?"

일설에 아파트나 빌라 이름을 그렇게 어렵게 지은 이유는 어르신들이 쉽게 그리고 자주 찾아오지 못하게 하기 위함이라고 합니다. 특히 아버지와 시어머니가 그 대상이라 하는데 그저 우스갯소리일 것입니다. 그럼에도 불구하고 늙고 경제력이 없는 아버지는 뭐 하나 도움이 되지 않고 짐만 되기 때문이고 시어머니는 만나면 만날수록 스트레스를 받는 대상이기 때문에 찾아오는 것이 그리 반갑지 않다고 합니다.

어쨌든 맨션과 빈손에는 큰 차이가 있습니다. 맨션으로 찾으면 아들 집에 오실 수 있고 빈손으로 찾으면 망신만 당하다가 결국 사랑하는 아들 집을 찾을 수 없습니다. 이와 같이 단어 하나의 차이는 엄청난 차이와 결과를 만들어 냅니다.

어느 여집사님이 사랑하는 남편에게 핸드폰 문자를 보냈습니다. "여보, 사랑해!!" 그러자 그 남편도 고마움에 문자를 보냈는데 그 날 밤 그 집 난리도 아니었다고 합니다. 왜냐하면 "여보, 사망해!!"로 보냈기 때문이랍니다. 성도님의 교인들과의 관계도 마찬가지입니다. 말 한 마디 혹은 행동 하나에 아름다운 동행이냐 아니면 지겨운 동행이냐가 판가름 나는 것입니다.

그러므로 예배를 드린 만큼 소중한 영성이 있습니다. 그것은 언어 영성이요 생활 영성입니다. 이 영성에 필요한 것은 나만큼 너와 우리를 배려하는 마음입니다. 물론 그런 삶에는 희생이 따를 것입니다. 때론 그

희생이 다른 길이 전혀 없는 일방통행 도로와 같을 수도 있습니다. 때론 재미있는 일도 아니요 보상도 없을 수 있습니다.

그러나 예수님께서 우리에게 보여 주신 희생은 자신의 생명이었습니다. 그러므로 그 누구를 위한 언행의 희생과 봉사를 감히 희생이라 말할 수 없습니다. 최소한 그가 예수님의 제자라면 말입니다. 그 정도의 희생은 당연한 것입니다. 마땅한 것입니다. 그래서 다윗은 이런 고백을 하였습니다. "값 없이는 내 하나님 여호와께 번제를 드리지 아니하리라"(삼하24:24).

요새 군대 밥 먹을만하냐?

뽀빠이 이상룡 님의 이야기입니다.

그가 사회를 보았던 프로 중 군대에 가 있는 아들을 어머니가 만나는 장면을 우리 모두 기억하고 있을 것입니다. 저도 어느 날 그 프로를 보면서 눈물을 흘렸던 적이 있습니다. 옛날 군생활의 고달픔과 어머니의 기도와 사랑이 기억났기 때문입니다.

그런데 시청자들 중에 어머니만 찾는 기획만 하고 왜 아버지는 군에 간 아들을 감격적으로 만날 수 있는 기회를 주지 않느냐는 항의성 요청을 하는 분들이 많았다고 합니다. 그래서 제작진의 결정으로 사병들이 자기 아버지를 찾는 기획을 전격 실시하였습니다. 그러나 단 1회 방송으로 끝나고 말았습니다.

그 이유를 아버지를 찾는 그 방송을 보신 시청자들의 반응이 영 아니었기 때문입니다. 아들을 만나러 나와 눈물로 포옹을 한 후 애타는 심정으로 안부를 묻는 어머니와 달리 아버지의 반응은 영 아니었습니다.

그저 썩은 미소를 짓고 나와 "요새 군대 밥 먹을 만하냐?" 그런데 아들의 반응도 역시 신통치 않았습니다. "바쁘신데 여기까지 왜 오셨어요?" 그리고 어색한 침묵이 흐를 뿐… 그래서 단 한번 방송으로 아버지의 시대는 막을 내리고 말았습니다.

아버지! 참 표현력이 부족한 분들인 것 같습니다. 그러나 속정은 참 깊으신 분들입니다. 어머니의 눈물이 경량급이라면 아버지의 어쩌다 보이는 눈물은 중량급입니다. 그러나 표현되지 않는 사랑은 땅에 묻혀진 사랑에 불과하지 않을까요? 속으로 사랑한다는데 그 속을 그 어느 아들, 딸이 볼 수 있겠습니까? 현대는 표현하는 세대입니다. 몇 가지라도 표현해야 합니다.

1. 아들이 예상치 못했을 때 아버지의 사랑과 관심이 담긴 전화 혹은 문자 메시지를 보내보세요.
2. 가끔, 아주 가끔이라도 한 번 옆에 앉아 보신 적이 계신지요?
3. 예상치 못했는데 어느 날 아버지의 칭찬과 격려를 들은 자식의 마음은 춤을 출 것입니다.
4. "아버지는 너 만할 때 너보다 더 못된 짓 많이 했는데… 힘내라!" 해보세요.
5. 자녀에게 돈이 없는 것 같을 때 엄마 몰래 용돈 한 번 크게 줘보세요.
6. "하나님께 기도하면 할수록 너는 나보다 더 잘될 것이라는 확신

이 들어!"라고 해 보세요.

7. 아버지를 향한 믿음이 깨지지 않기 위해 자녀에게 약속한 것은 꼭 지키세요.

8. 자녀들 앞에서 노(老) 부모님을 향한 예의와 존경을 보이는 시청각 자료가 되세요.

9. 내가 말을 많이 하는 것이 아니라 자녀의 말을 끝까지 들어 보세요.

10. 8번 인내 혹은 칭찬했으면 알맞은 때 2번은 책망하고 그 자리에서 기도해 주세요.

이런 신앙심이 깊은 아버지의 역할과 은사는 성령과 말씀, 그리고 기도로 만들어질 것 입니다.

때론 일부러 판정패도 해 보세요!

노총각 병철이가 주일학교 선생님으로 봉사하던 중 부장 집사님의 질문을 받았습니다. "모든 조건을 갖추었는데 왜 장가를 가지 않나?" "뭐특별한 이유는 없구요. 자매를 어머니께 소개시켜 드리면 '이래서 안된다, 저래서 보기도 싫다'라고 하시기 때문이에요"라고 대답하였습니다. 자칭 지혜로운 부장 집사님은 그 해결방법은 간단하다며 한 가지 방법을 소개해 주었습니다. "다음에는 어머님과 똑같은 자매를 소개시켜 드리면 만사 오케이 되겠네!" 그러자 병철이는 난감한 표정으로 이렇게 대답하였다는 것입니다. "그것은 아버지께서 완강히 반대하시기 때문에 더욱 곤란해요."

유치부 학생 병수는 주일예배 후 엄마와 함께 지하철을 타고 집으로 가고 있었습니다. 그런데 지하철 안에서 어떤 꼬마 녀석이 너무나 뛰어다니며 소리를 질러대므로 모든 승객이 싫어하는 표정이었으나 그 엄마는 코를 골며 주무시는 것이었습니다. 병수 엄마는 어린 아들에게 공중도덕을 가르친다는 마음에 럭비공처럼 이리 저리 뛰어 다니는 꼬마를 쳐다보며 아들에게 이런 질문을 하였습니다. "병수야! 엄마는 이 세상에

서 어떤 사람을 제일 싫어한다고 했지?" 그러자 잠깐 생각하던 병수가 거침없는 소리로 대답하였습니다. "제일 싫어하는 사람? 그건 아빠지!"

창피한 마음에 자기 아들 입을 막아버린 엄마, 집에 도착해 보니 이 원수 같은 남편이 짜장면을 주문해 먹은 후 낮잠을 자고 있는 것이 아닙니까? 병수에게 "아빠 깨워라!" 말하였더니 이 녀석 대답하는 말, "깨우면 지랄할걸?" 엄마는 더 신경질이 나서 "그래도 흔들어 깨워!" 하자 병수가 이렇게 중얼거리며 아빠를 깨우더라는 것입니다. "그래도 깨우면 아빠가 개지랄할 거라고 엄마가 말했으면서 왜 나더러 깨우래?"

보통 가정에서 엄마의 구원투수는 아들이고 아빠는 딸이라고 합니다. 그래서 부부간에 다툼과 싸움이 있을 때나 섭섭할 때 자녀들에게 자기 사정을 이야기하며 아내 혹은 남편을 헐뜯는 말을 합니다. 때론 사실에 좀 더 살과 뼈를 붙여서 과장된 험담을 하기도 합니다. 그것은 자식을 이용해 혹 자신의 감정풀이나 대리만족은 얻을 수 있으나 자녀들에게 독약을 서서히 먹이는 것과 다름이 없습니다. 그 까닭은 자녀들은 보고 들은대로 판단하며 그것이 먼 훗날 그들의 생각과 생활양식이 되기 때문입니다. 붕어빵틀에서는 강아지빵이 만들어지지 않기 때문입니다.

그러므로 부부생활에 필요한 지혜는 자녀들 앞에서 남편 혹은 아내를 향한 언행을 절제할 줄 아는 것입니다. 특히 이기려고 하는 자세보다는 말없이 꾸준히 자신의 길을 가는 모습을 보여 주는 것이 중요합니다. 토끼와 거북이 우화는 우리들에게 분명한 한 가지를 교훈해 줍니다. 토끼는 거북이를 이기려고 했기에 결국 졌습니다. 그러나 거북이는 토끼를 이기려는 생각을 거의 하지 않았습니다. 그저 묵묵히 자신의 길을 인내로 갔기에 좋은 결과를 맛보게 된 것입니다.

부부간에 절대로 KO승 하지 마세요. KO패한 상대가 독한 마음으로 달려들 것입니다. 자녀들을 동원하여 판정승도 하지 마세요. 그 기쁨도 오래가지 못할 것입니다. 도리어 가끔 일부러 판정패하세요. 예수님도 십자가에서 일부러 판정패하셨으나 부활하심으로 모두에게 유익과 구원의 길을 열어 주셨듯이 가족을 위한 판정패는 결국 가족에게 복된 결과를 선물해 줄 것입니다. 즉 자부심을 간직하되 자존심을 버릴 때도 있어야 즐거운 우리 집이 됩니다.

지독한 짝사랑

결혼식을 앞두고 주례를 해 주실 목사님을 예비신랑과 신부가 찾아왔습니다. 덕담과 기도를 나눈 후 형제가 잠시 목사님을 따로 뵐 것을 요청하였습니다. 그리고 하는 말, "목사님! 결혼 서약 내용을 낭독하실 때 '아내를 평생 사랑하고 귀중히 여기며 도와주며'라는 부분만은 빼고 물어 주셨으면 합니다."라는 것이 아닙니까? 그것도 봉투를 슬그머니 주머니에 넣어 주면서 말입니다. 그런데 웬일인지 목사님께서 그것을 거절하지 않으시고 웃으며 응접실로 들어가시는 것이 아닙니까? 거래가 성사된 것입니다.

그런데 정작 결혼식장에서 목사님께서 신랑에게 물어보는 내용은 약속과 너무 달랐습니다. "신랑 홍길동 군은 기쁠 때나 슬플 때나 건강하거나 병들거나 모든 경우에도 아내를 사랑하고 귀중히 여기며 도와주고 매일 아침마다 식사를 준비하여 신부에게 가져다주고, 일주일에 세 번은 꼭 설거지를 해 주며, 한 달에 두 번은 빨래를 해 주고, 매일 자기 전에 사랑한다는 고백을 하겠느뇨?"

만일 대답을 하지 않으면 이 결혼이 큰 혼란에 휩싸일 것 같아 그저 작은 목소리로 "예"라고 대답한 후 머리를 내밀고 목사님께 가까이 다가가 이렇게 항의를 하였습니다. "목사님! 이거 우리끼리 흥정한 내용과 다르지 않습니까?" 그러자 목사님께서는 며칠 전에 받았던 그 봉투를 슬그머니 돌려주면서 이렇게 대답하였다는 것입니다. "어제 밤에 신부 측에서 더 좋은 조건으로 흥정이 들어왔다네. 잠시 생각하다가 그 쪽을 택하기로 했거든……. 미안하네!"

결혼 서약을 할 때 우리는 "죽음이 우리 둘을 갈라놓을 때까지"라는 문구를 읽거나 듣습니다. 그 순간 가끔 예수님의 십자가 죽으심을 생각해 봅니다. 우리 기독교인과 예수님 사이를 갈라놓은 시간은 주님께서 죽임을 당하신 후 무덤에 계실 때였습니다. 그러므로 부부의 사랑과 애정의 단절 순간은 오직 죽음뿐이라는 엄숙한 순간이 결혼서약 시간입니다. 동시에 그런 사랑 고백을 했기에 시작되는 것이 부부요, 그런 사랑을 만들어 가는 곳이 가정이요, 이런 사랑을 그대로 본받게 될 대상이 바로 자녀들인 것입니다.

십자가에서 죽기까지 우리를 사랑하신 주님의 사랑은 정말 지독한 사랑입니다. 그 어떤 단어로도 표현할 수 없는 짝사랑 중에 짝사랑입니다. 즉 '~하기 때문에'가 아니라 '~그럼에도 불구하고'의 사랑입니다. 이런 사랑과 관심은 오직 자아중심에서 상대방 중심으로 성품이 바뀌지 않고서는 불가능할 것입니다.

어느 목사님께서 성도님들에게 이런 말씀을 하셨다고 합니다. "나는 성미(성직자)이고 당신들은 정부미(공무원 근무)와 일반미(개인사업 및 가게운영)인데 어찌 내 말을 듣지 않습니까? 성미가 화나는 것 보실 작정입니까?"

정상적인 부부는 시간이 지날수록 점점 닮아가는 것이 당연합니다. 이는 판단력보다는 수용력이 더 풍성해 짐을 의미하는 것입니다. 좋은 기독교인은 점점 예수님을 닮아갑니다. 마찬가지로 좋은 부부는 점점 아내를 혹은 남편을 닮아갑니다. 그것이 본인들에게도 행복이지만 자녀교육에 성공하는 비결입니다. 가정과 부부는 자녀들의 최초의 교회요 처음의 교회이기 때문입니다.

폭발하지 말고 조절하세요

결혼 60주년을 맞이하는 노부부를 축하하기 위해 많은 사람들이 모였습니다.

축하순서 끝 부분에 남편이 하객들에게 인사하는 시간이 되었습니다. 그 때 한 축하객이 어떻게 60년을 한 결 같이 아내 곁에서 아름다운 동행을 할 수 있었는지 그 비법을 알고 싶다고 하였습니다. 그러자 이 어르신께서 이렇게 말씀하셨다고 합니다.

"약 60년 전 신혼여행을 갔을 때 이야기입니다. 아침에 우리는 말을 타고 호젓한 오솔길을 산책하고 있었지요. 그런데 아내를 태운 말이 기분이 좋지 않았던지 좀 흔들거리는 것이 아닙니까? 불편함을 느낀 제 아내는 그 말에게 엄한 표정으로 '첫 번째야!' 하였답니다. 그런데 얼마를 더 갔건만 그 말이 계속 자기 몸을 흔들어대니 아내가 더욱 흔들리게 되었습니다.

그 때 아내는 화난 표정으로 그 말에게 '두 번째야!' 하더군요. 그런데 동물은 동물인 모양인지 전혀 뉘우침 없이 다시 자기 얼굴과 등을 흔들 어대었죠. 그러자 아내가 아무 말도 없이 총을 꺼내더니 "꽝!"하고 발사 하는 것이 아닙니까? 그 때 땅으로 쓰러져 피를 흘리며 죽어 가는 그 말을 보면서 저는 결심을 하였답니다. 결코 아내에게 총으로 맞아 죽는 일은 하지 말자고 말입니다! 그래서 60년을 한결같이…"

전혀 화를 내지 않고 사는 아내가 있을까요? 없을 것입니다. 화는 인 간의 기본적 성정 중 한 가지이기에 화내는 그 자체를 나무랄 수 없습니 다. 특히 우리나라처럼 지나친 남녀 불평등과 가부장적 제도로 인한 피 해로 화병에 걸린 아내들이 많은 나라도 드문 듯합니다. 그래서 아내에 게 명절은 고행절이 되기도 합니다. 또한 남편과 함께 하루 종일 있어야 할 휴일은 더욱 고통스럽습니다.

"물 줘!" "신문 가져와!" "리모컨은 어디에 있어?!" 등 스스로 할 수 있 는 것들에 대한 끊임없는 요구는 화를 다스리는데 한계를 요구합니다. 그러나 참고, 한두 번 들어주다 좀 본인이 할 수 없냐고 하면 당장 "여자 가…" 또는 "기본이 안된…" 심지어 "당신이 나가서 돈 벌어 봐!" "다른 집 여자들은…" "찢어지게 가난한 시절에도 우리 엄마는…"라는 말로 남 자의 권위와 복종을 내세우니 화가 폭발하고 맙니다.

그러나 아내의 지나친 화는 피차간에 상처와 아픔을 남길 뿐입니다.

또한 남편의 지나친 권위의식은 결국 아내의 가슴과 말에 담겨진 총알로 맞아 죽는 원인이 될 것입니다. 그러므로 부부에게는 화를 폭발하지 않고 조절할 줄 아는 지혜가 필요합니다. 첫째, 화가 날 때 바로 대화하지 마세요(약5:11). 잘못하면 대화가 대 놓고 화내는 것이 될 수 있습니다. 둘째, 화가 난 진짜 이유를 생각하세요. 셋째, 좀 시간이 지난 후 자신의 입장을 가지고 대화하세요(고전8:2). 넷째, 부부는 서로 다른 생각과 판단을 할 수 있음을 인정하세요(약4:11). 다섯째, 상대를 비난하기 위함보다는 이해하여 해결하기 위한 결단을 가지세요(엡5:17) 그리고 '모짜르트'부부가 되세요. 즉 좀 '모자른듯한' 부부가 되세요. 거기에 틀림없이 이해와 화해의 공간이 있을 것입니다.

이런 것들이 물론 쉽지는 않을 것입니다. 특히 한 쪽의 노력만으로는 불가능하기 때문입니다. 그러나 만일 부부가 새롭게 같이 하는 취미 및 기호, 혹은 운동 및 신앙과 봉사생활이 있다면 조만간 '아름다운 동행'을 넘어 '따뜻한 동행'까지 갈 수 있을 것입니다.

교회 놀이?

영화 "연을 쫓는 아이들" 중에 나오는 이야기입니다. 가끔 시간이 될 때 주인 댁 아들 이미르는 하인의 아들 하산에게 자신이 직접 쓴 글을 읽어 주었습니다. 그 날은 눈물을 떨어트리면 그것이 보석으로 변하는 "마술 컵" 이야기를 하산에게 들려주었습니다. 그 이야기는 한 손에 칼을 든 주인공이 다른 팔로 자신이 죽인 아내를 안고 있는 내용으로 마쳤습니다.

그 때 하인의 아들 하산은 "그럼, 주인공이 자기 아내를 직접 죽인 것이에요?" "그럼, 주인공은 큰 부자가 되고 싶었거든, 그래서 아내를 죽이면 그 슬픔으로 많이 울게 될 것이고 그 눈물로 더 많은 보석을 얻을 수 있기 때문이었지!"라고 주인 집 아들은 대답하였습니다. 그러자 하인의 아들은 너무 안타깝다는 표정을 지으며 이렇게 대답하였습니다. "주인공은 정말 바보네요, 눈물을 많이 흘리고 싶으면 양파를 까면 되잖아요!"

혹 우리들도 가정과 교회 및 사회생활을 하면서 양파를 까면 될 일을 가지고 목숨을 걸고 싸우거나 헤매고 있지는 않은지요? 인생을 가장 '나쁘게 살아가는 사람'은 누구일까요? '나 뿐인 사람'입니다. 항상 자신의 판단과 신앙이 옳다고 여기는 사람입니다. 그리고 그 누가 곁에서 그렇지 않다고 이야기해도 결코 듣지 않습니다. 도리어 자신을 진심으로 도와주려는 사람과도 다툼이 심심치 않게 일어나기도 합니다. 그 까닭은 오직 '나 뿐인 사람'이기 때문입니다. 결국 큰 문제를 작은 문제로 만들 줄 아는 것이 성도로서의 참 지혜인데, 늘 양파를 까면 될 일인데 목숨을 내 걸고 큰 문제로 만듭니다. 그리고 자신이 늘 피해자임을 강조합니다. 자신에게 성령이 들어가 내주하거나 역사할 기회가 없는 측은한 교인이 되지 않기 위해 우리는 한 가지만은 잊지 말아야 합니다.

'내가 변하면 이 세상과 사람들은 다 내 편이 될 것이다!'라는 것입니다. 예수님께서 하늘 보좌를 버리고 낮고 천한 이 땅으로 오셨습니다. 하나님의 아들이 변하여 성육신하시니 세상 모든 사람들이 예수님을 좋아하지 않습니까? 교회와 교인들을 병적으로 싫어하는 세상 사람들도 예수님과 그 분의 말씀만은 좋아하지 않습니까?

그러나 지금까지 그렇게 살아온 삶의 방식이 이미 굳어졌기에 자신이 먼저 변한다는 것은 정말 힘든 결단이요 변화입니다. 치약을 가운데부터 짜는 남편은 평생 그 버릇 고치기 어렵고 방청소 제대로 하지 않는 아내도 역시 평생 그 습관을 고치기 힘들기 때문입니다. 그러나 단번에 변할 수 없으나 시작이라도 해야 합니다. 성령과 성경이 우리를 새롭게 할 능

력의 원천이기 때문입니다.

　어느 날 오후 어느 교인이 집에서 성경을 보는데 밖에서 놀던 아이들의 목소리가 점점 커지더라는 것입니다. 그러더니 서로 큰소리로 싸우는 소리가 들리기에 창문을 열고 다투지 말라고 타일렀다고 합니다. 그러자 이 녀석들의 대답에 정말 마음이 아팠다고 합니다. "아저씨? 왜요? 우리들 지금 교회놀이 하고 있는데요?" 한국교회의 거의 사분의 일이 교회내 문제로 작고 큰 아픔을 당하고 있다는 이야기가 들립니다. 최소한 섬기는 교회의 후배들과 자녀들에게 교회에 대한 좋은 마음과 추억을 주어야 할 의무와 특권이 우리에게 있는 이 세대입니다. '거룩한 자기 포기'는 빠를수록 피차에 복이 될 것입니다.

그 돈 있으면 건축헌금이나 하시지…

19세기에는 유럽 각국의 정상회담 만찬의 성패가 먹는 것에 의해 판가름되었습니다. 즉 정상회담의 요리와 음료의 고급스러움과 가짓수가 회담 성과까지 좌우하였습니다. 러시아의 마지막 황제 니콜라스 2세가 프랑스 파리를 국빈 방문할 때에는 18가지의 요리를 내놓았습니다. 엘리제 궁 요리사들 중 최고의 실력자들에 의해 준비된 만찬이었고 회담 결과는 좋았습니다.

물론 2차 대전 후에는 간소화 되는 추세였으나 그것은 19세기에 비하여 그렇다는 말씀입니다. 러시아가 2006년 상트페테르부르크에서 G8 회담을 열 때 이야기입니다. 그 때 만찬은 바다가재와 새우 칵테일로 시작하여 호르호르 섬의 새 구이와 철갑상어 캐비어를 거쳐 사슴고기로 마무리하는 묵직하고 중후한 전통요리를 내 놓았습니다. 그리고 프랑스 최고급 와인을 곁들여서 품위를 더 하였습니다.

이는 러시아가 냉전 종식이후 처음으로 G8 회담을 열면서 대국의 자신감과 세련된 외교를 동시에 보여준 것입니다. 1999년 장쩌민 당시 중

국 총리가 영국을 방문하였습니다. 그 때 영국 왕실은 일반인들에게 최고급으로 통하는 동페리뇽을 능가하는 1982년산 크루그 샴페인으로 환대하였습니다. 급성장하는 중국의 경제에 걸 맞는 뜨거운 관심을 보여 준 것으로 풀이됩니다.

이와 같이 접대가 얼마나 융숭했는지, 어떤 의미를 가진 음식이 나왔는지를 보고 초청자나 초대받은 자는 서로의 의중을 넉넉히 읽을 수 있는 것입니다. 마찬가지입니다. 성도로서 어느 교인 댁에 초청을 받는다는 것은 대단한 기쁨입니다. 만일 우리교회 교인이 아니라면 철옹성 같은 그 아파트 문이 열리기나 하겠습니까? 성도님이 어느 외판원이라면 아마도 10번 들어가고 싶다고 해도 10번 다 그 집 문이 열리지 않을 것입니다. 그런데 그 집에 들어갈 수 있는 것뿐입니까? 반갑게 맞이하고 간식 혹은 식사를 대접받기도 합니다. 정말 하나님의 은혜입니다. 그 누가 나를 식사자리에초대한다는 것은 최상의 예우를 해 주는 것입니다. 성웅 다윗이 그 수많은 사람들 중에 자기 식탁에 초대한 사람은 오직 므비보셋 뿐 아니었습니까? 그러므로 혹 어느 성도님 댁을 통하여 간식 및 식사 초대를 받거든 다음의 4가지 언행을 삼가는 것이 예의 있는 교인일 것입니다.

첫째, "뭐, 이렇게 많이 차렸어요? 그 돈 있으면 건축헌금이나 하시지…" 건축헌금을 제대로 하지 않는 심방대원이 더 합니다. 둘째, "남편 벌이도 시원치 않아 보이던데 웬 낭비를 이렇게 해요?" 그러면서도 제일

많이 먹고 심지어 싸가기도 합니다. 결코 싸 준 것이 아닙니다. 셋째,
"집에서 직접 음식을 만들어 내 놓는 것이 목사님에 대한 예의인데 이렇
게 외식하는 것은 좀 그렇죠? 목사님 어떠세요? 그렇죠?" 왜 나에게 물
어보십니까? 꿈에 나타날까 무서운 심방대원입니다. 넷째, 음식을 먹으
면서 거의 대화를 하지 않는 분이십니다. 묵상시간과 식사시간을 착각하
고 있는 분이십니다. 분위기를 싸늘하게 만드는 교인입니다.

우리는 하나님 나라의 자녀들입니다. 믿음만큼 예의가 있기를 소망해
봅니다.

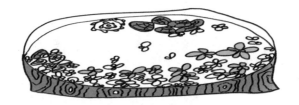

2

교회
생활

공인회개사와 공인중개사

    어느 시골에서 공교롭게 유대교 랍비와 천주교 신부님이 한 동네에 살게 되었습니다. 우연치 않게 출퇴근 하는 시간대와 섬기는 회당과 성당의 위치도 비슷하였습니다. 사이가 너무 좋았던 이 두 분께서는 기름 값을 아끼자며 승합차를 공동 구매하였습니다.

    그런데 어느 토요일 신부님께서 멀쩡한 차를 물세차 하고 있는 것이 아닙니까? 랍비께서 무엇을 하느냐 질문하였더니 신부님은 빙그레 웃으며 이렇게 대답하셨습니다. "세례를 주고 있습니다!" 그러자 그 다음 토요일 이번에는 랍비께서 새 차의 연소 통을 열심히 닦고 있는 것이 아닙니까? 연소 통을 붙잡고 열심히 닦는 것이 이상하여 신부님께서 무엇을 하고 있느냐 물어 보았더니 씩 웃으면서 이렇게 대답하였다는 것입니다. "예, 지금 할례를 베풀고 있는 중입니다!"

    고등학교 때 참으로 친하게 지내던 두 친구가 있었습니다. 그들이 성장하여 한 명은 교회 목사님이 되시고 다른 친구는 천주교 신부님이 되었습니다. 그 후 동창회 자리에서 그 둘은 반갑게 만났습니다. 목사가

된 친구가 빙그레 웃으며 신부가 된 친구에게 "나, 드디어 공인회계사가 되었네!" "아니, 그게 무슨 말이야? 몇 년 전에 목사 안수를 받았다고 이야기 들었는데…!" "왜냐하면 내가 예배와 기도회를 인도하면 교인들 속에서 회개의 역사가 일어나거든… 그러니 공인회계사 아닌가?"

그러자 신부가 된 친구가 목사 친구에게 이렇게 대답하였다는 것입니다. "허허… 그러면 나는 공인중개사가 된 것이구먼…" "그건 무슨 말인가?" "나는 고해성사를 받잖아… 그리고 하나님과 교인들 사이를 중개하는 역할을 공인 받았으니 공인중개사 아닌가?"

교회직분은 두 가지로 말할 수 있습니다. 첫째, 다양성입니다. 주어진 직분마다 고유의 사명과 사역내용이 있습니다. 결코 큰 직분, 작은 직분은 없습니다. 계급은 없고 다만 다양한 직분이 있을 뿐입니다. 그 무슨 직분이든지 무시하거나 멸시 당해서는 안 됩니다. 우리 몸에 큰 병이 드는 원인은 작은 지체의 아픔에서 시작되기 때문입니다.

둘째, 통일성입니다. 모든 직분과 사역의 목적은 오직 한 가지입니다. 하나님의 영광과 복음전파일 뿐입니다. 그 이상 그 이하도 아닙니다. '나 말고 그 누구를 사용해서라도 그 일을 하실 하나님이신데 감히 나 같은 것이 하나님의 일에 수종을 들다니…!'라는 마음만 있어야 합니다. "나 없으면 이 교회 되나 봐라!"가 아닙니다. "나 없어도 되는데…!"일 뿐입니다.

꺼진 불도 다시 보자!

이 지구 위에 있는 모든 꽃들 중 제일 아름다운 꽃은 무슨 꽃이겠습니까?

아마도 에덴동산에 있었던 꽃일 것입니다. 그것은 아담의 갈비에서 만들어진 갈비꽃, 하와가 아닐까요? 그렇습니다. 세상에서 제일 아름다운 꽃은 여자입니다. 특히 자신의 아내입니다. 아니, 아내가 바로 그런 꽃이 되도록 중년 및 노년기에 더욱 사랑하는 흔적이 있어야 할 것입니다. 특히 폐경기 및 갱년기에 있는 아내를 잘 이해하는 남편, 또한 그런 여성들을 잘 알고 대처하는 남성도가 되어야 합니다.

서울 어느 교회에서 있었던 일입니다. 갱년기에 들어선 젊은(?) 권사님이 계셨는데 시도 때도 없이 몸에 열이 나는 것이었습니다. 가족들은 다 에어컨 바람이 필요 없다는데 아내요 엄마인 그 권사님만 에어컨을 틀지 않으면 견딜 수 없었던 어느 날이었습니다. 교회에서 성도님들과 인사를 하는데도 얼굴이 화끈거리며 빨개지는 것이었습니다. 문제는 젊은 담임 목사님이 인사를 해도 얼굴이 빨개지는 것이 아닙니까?

당황하였던 그 젊은 목사님의 고백을 들어보시겠습니까? "몇 번이고 만날 때마다 빨개지는 권사님의 얼굴을 보면서 솔직히 그 권사님이 저를 은근히 좋아하는 것으로 착각을 하였답니다. 그래서 그 후로부터 그 권사님 만나는 것을 일부러 피했는데 지금 생각해 보니 너무 미안한 생각이 드네요!" 구약에 나오는 야곱은 한 명의 아내로 만족하지 않았습니다. 레아, 라헬, 빌하, 실바 4명이 있었습니다. 야곱의 옆구리에서는 갈비꽃이 4송이나 피어있었습니다.

심지어 기드온은 어떠했습니까? 그는 아내가 너무 많아 그의 몸에서 낳은 아들이 칠 십 명이나 되었다고 합니다(삿8:30). 아들이 70명이니 딸까지 하면 그 숫자는 기드온도 제대로 파악하지 못했을 것 같습니다. 성공한 기드온이었으나 그는 옆구리를 너무 개방하여 몇 개의 갈비꽃이 아니라 안개꽃이 만개하고 말았습니다. 그 당시는 일부다처제를 허용한 시대라고 치더라도 너무한 것이 아닐까요?

그러므로 우리 남편이요 남성도들이 조심하고 극단으로 경계해야 할 것은 바로 이성문제입니다. 기도, 찬송, 봉사 및 전도를 좀 못해도 그것으로 인해 신앙 및 가정생활에 치명적인 아픔을 넝쿨 채 받지는 않을 것입니다. 그러나 잘못된 이성문제에 휩싸이면 그 때부터 영성이 떨어집니다. 분별력도 떨어집니다. 자신에게 잘못된 너그러움을 갖게 될 것이며 결국에는 신앙과 교회, 그리고 가족과 특히 자녀를 잃게 될 것입니다.

젊은 사람 뿐 아니라 자신의 나이가 6, 70이 넘었다고 안심해서는 안 됩니다. 경로당에서 만난 할아버지와 할머니가 어느 날 어디론가 사라지고 말았다고 합니다. 가족들이 애타게 찾고 있으나 오늘 아침까지 못 찾고 있고고 합니다. 그래서 그 두 가정의 자녀들이 모여 어제 밤에도 이렇게 외쳤다고 합니다. "꺼진 불도 다시 보자!" 그렇습니다. 젊든, 늙었든 이 시간 하나님께서 "꺼!"하시면 "제가 촛불입니까? 끄게?"라고 적당히 돌리지 말고 즉시에 꺼야 합니다. 끊어야 합니다. 도망가야 합니다.

어느 분이 디지털 카메라, 일명 '디카'를 구입하고자 전자상가에 가서 점원에게 물어보았습니다. "이 디카의 장점은 무엇입니까?" "예, 손님, 잔고장이 없다는 것입니다!" "그러면 혹 단점은 무엇입니까?" 그랬더니 그 점원은 이렇게 대답했다고 합니다. "단점은 큰 고장이 가끔 있다는 것입니다!" 큰 고장은 한 번으로 족해야 합니다. 한 번의 큰 고장은 가족도 이해하도록 노력해야 할 것입니다. 힘들지만 말입니다. 그러나 더 이상은 안 됩니다. 피차 망합니다.

교회 근처 다방을 출입하는 장로님들

인천 ○○교회 새성전 건축 이야기입니다.

그 교회는 본당 및 부속건물 철거작업을 끝낸 상태였습니다. 그래서 주일학교 학생들은 임시 예배처소에서 예배를 드리며 전도에 열심을 내고 있었습니다. 토목공사에 들어가 조금씩 새로운 건물이 잘 올라가고 있을 때 주일학생들의 전도에 걸림돌이 생겼습니다. 동네 아이들이 교회 근처를 다니면서 예배당이 없어진 것을 보았기 때문입니다. 그래서 주일 학생들이 동네 친구들에게 주일날 교회를 같이 가자고 전도 하면 적지 않은 친구들이 이렇게 대답하였다는 것입니다. "너네, 교회 망했잖아?! 다 허물어져 보이지도 않던데?"

그 교회 담임목사님께서 곰곰이 생각해 보았습니다. "교회가 무슨 여리고성도 아닌데 허물어지고 망했다니……." 아마도 아이들이 공사장에 높은 가림막이 쳐 있어 공사 진행 사항을 보지 못한 까닭이라 생각이 되었습니다. 그래서 목사님께서 공사 현장 담당자에게 특별히 부탁을 드렸다고 합니다. 공사현장에 주교학생들이 들어가 성전이 건축되어 가는 광경을 직접 볼 수 있도록 말입니다. 그 후 공사 현장을 본 주교학생들은 안심하며 다시 힘차게 전도하였다고 합니다.

우리 교회에서도 그와 비슷한 일이 생겼습니다. 본당을 철거하기 시작하니 당회실이 없어졌습니다. 건축과 함께 더욱 장로님들이 모여 의논하고 결정할 일이 많은데 고심하다 교회 근처 건물 2층을 임대하였습니다. 그 곳은 얼마 전까지 다방으로 사용되던 곳이어서 'OO 다방'이란 간판이 크게 걸려 있었습니다.

평일에도 그렇지만 주일이면 더욱 그 건물 2층 임시 당회실로 올라가는 장로님들이 많았습니다. 그런데 문제는 지나가는 교회 청년이 볼 때에는 영락없이 장로님들이 줄줄이 사탕처럼 그 다방으로 올라가는 것이었습니다. 그것도 주일날 말입니다. 물론 그 청년은 그 곳이 임시 당회실이라는 것을 전혀 몰랐으니 오해하는 것이 당연하였고 정말 이해할 수 없어 부모님께 질문을 드렸다고 합니다. "아니, 한두 분도 아니고 그 많은 장로님들이 주일날 다방을 출입해도 되는 거예요?"

이와 같이 세상사는 때론 오해를 받을 수 있고 반대로 오해를 줄 수도 있습니다. 그러므로 피차간에 오해가 없을 수는 없으나 줄일 수 있는 인격이 가정과 교회사역 속에 필요한 시대입니다. 그 방법은 내가 들은 이야기나 심지어 내가 직접 본 사실까지도 그 당사자가 아니라 제 삼자에게 먼저 이야기하는 일이 결코 없어야 합니다. 다만 꼭 말할 필요가 있

다면 내가 듣고 본 그 사람에게 조용히 찾아가 내 판단을 이야기 해 주면 아마도 이해할만한 사정을 듣게 될 것입니다. 어떤 때는 다 듣고 나면 도리어 그를 위해 중보 기도해 드리고 싶은 마음이 들것입니다.

그래서 예수님께서도 이렇게 말씀하셨습니다. "네 형제가 죄를 범하거든 가서 너와 그 사람과만 상대하여 권고하라 만일 들으면 네가 네 형제를 얻을 것이요"(마18:15). 성도의 영성은 점점 예수님을 닮아 가는 것입니다. 그 분의 말씀을 귀로 듣지만 동시에 마음과 삶으로 듣고 행하는 것입니다. 가정과 교회생활에서 남의 말 하는 것만 줄여도 엄청난 성화(聖化)입니다. 그래서 일부 목사님과 신부님은 늙어 치매 걸리지 않기 위해 기도한다고 합니다. 그 이유는 그 동안 교인들의 비밀스러운 이야기를 상담 혹은 고해성사를 받았기 때문이라고 하지 않습니까?

대한(大限)민국 목사님

혹 직종별로 자신이 하는 일에 대한 목표를 올리는 방법을 아시는지요? 채소가게 아저씨는 쑥쑥 올립니다. 성형외과의사는 몰라보게 올리며, 한의사는 한방에 올립니다. 자동차 외판원은 차차 올리며, 구두미화원은 반짝하고 올립니다. 총알택시기사는 항상 따블로 올리며, 점쟁이는 점점 올립니다. 합기도 관장은 기차게 올리며, 목욕탕 주인은 때(떼)를 기다립니다. 그러나 백화점 사장은 파격적으로 올리며, 대한민국 목사는 목숨을 걸고 올립니다. 그래서 한국 목사를 나무에 매달려 죽은 자 목사(木死)라고 말하는 분도 계십니다.

부부가 스트레스를 받는 최고의 요인이 배우자의 별세라면 목사의 최고의 강박관념은 교인들의 출석률 및 신앙성숙 여부일 것입니다. 이것에 목숨을 걸다 보니 때론 질그릇 같은 육신이 점점 부서지기도 합니다. 그러나 만일 목회를 더 이상 하기 힘들만큼 건강이 악화되면 그것 자체가 또한 엄청난 스트레스입니다. 그 동안 담임목사로서 교회 일반 및 특별헌금과 나눔사역에 늘 앞장서다 보니 저축한 것이 별로 없어 노후대책이 막막합니다. 반대로 교인들은 퇴임하는 목사보다는 현재 교회 재정상

태를 더 생각하는 마음이 당연하기에 아픔의 소식이 가끔 들리기도 합니다.

그러므로 목사님들에게 지금 필요한 것은 너무 지나친 목표는 좀 모자른 것보다 못하다는 것을 인식해야 합니다. 자신의 역량을 과대평가하지 않는 지혜가 필요합니다. 동시에 지금 섬기도 있는 그 교회사역은 내 목회가 아니라 하나님의 목회를 수종 드는 것이며 그 교인들은 내 양떼가 아니라 하나님의 양떼임을 잊지 말아야 합니다. 하나님은 하나님보다 더 열심인 것을 별로 좋아하지 않으시는 듯합니다. 그러므로 열정과 함께 냉정이 필요합니다. 목숨걸기보다는 목숨도 생각해야 합니다. 지나친 경쟁의식 속에 진행되는 한 많은 목회와 그 한을 풀고자 하는 목회를 지양해야 합니다. 그래야 귀신 잡는 해병처럼 목회하다가 돌아오지 않는 해병이 되지 않을 수 있습니다.

나라마다 다 나름대로의 특색이 있습니다. 국민들이 가장 거만한 나라는 오만입니다. 바느질을 잘하는 나라는 가봉입니다. 가장 코가 큰 사람들이 사는 나라는 멕시코이며 국민들 모두 다 꾀가 많은 나라는 수단입니다. 애주가가 가장 많은 나라는 호주이며 굶는 사람이 가장 많은 나라는 헝거리입니다. 가장 권투를 잘하는 나라는 칠레이며 처녀들이 엄청나게 많이 사는 나라는 뉴질랜드입니다. 그리고 한 많은 사람들이 제일 많이 사는 나라가 대한민국이라고 합니다.

생존경쟁이 아니라 생존전쟁터와 같은 이곳에서 목회하다가 이리 저리 얻어맞아 한이 많이 서렸지만 그럼에도 불구하고 주님이 하시는 말씀은 "내 은혜가 네게 족하다"입니다. 존 칼빈이 그 교회는 그 교회 목사만큼 성장한다고 했으니 그 말에 그저 위로를 받으며 최고보다 최선을 다하는 목회로 나아가야 할 것입니다. 특히 한국교회의 0.1%도 되지 않는 급성장한 교회만을 연구하거나 추앙하지 말고 말입니다. 동시에 장로님들과 교인들도 그런 극소수 교회와 목사님들을 자신의 교회와 목사님과 비교하는 일을 삼가면서 말입니다.

교회는 조직체가 아니라 공동체입니다. 무한경쟁이 아니라 상생의 모임입니다. 이제 목사님과 교인들 모두 성장보다는 일치를, 부흥보다는 연합을 더 사모해야 합니다. 그럴 때 하나님께서 기뻐하시며 그런 목회에 안정과 성장을 주실 것입니다.

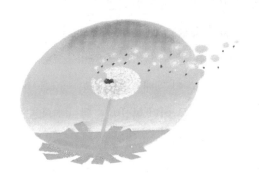

마르다도 마리아도 아닙니다

귀가 서로 잘 안 들리는 노부부 이야기입니다. 거실에서 서로 좀 멀리 떨어져 있는데 남편이 아내를 불렀습니다. "여보!" 아내가 아무런 반응이 없자 좀 더 가까이 가서 "여보!" 한 번 더 불렀습니다. 그러나 여전히 무반응이라 아주 가까이 가서 또 한 번 불렀지만 아무런 대답 소리를 들을 수 없자 할아버지가 할머니에게 기분 나쁜 목소리로 "왜 불러도 대답이 없소?" 말씀하였습니다. 그러자 할머니께서 역시 퉁명스런 목소리로 이렇게 대답하셨다는 것입니다. "아니, 세 번이나 대답했는데 그렇게 들리지 않으면 우리 앞으로 어떡해요!"

마찬가지로 목사님들은 나름대로 최선을 다하여 설교를 준비합니다. 그런데 그런 설교를 교인들이 잘 듣지 못하며 깨닫지 못한다고 투덜댑니다. 반대로 성도님들은 할 수 있거든 좋은 마음으로 목사님 설교에 응답하고자 하는데 목사님들이 제대로 자신들의 필요를 채워주는 설교를 하지 못한다고 합니다. 물론 이런 현상이 모든 교회의 모습은 아니나 그럼에도 불구하고 여전히 한국교회 내에 존재하고 있음을 부인할 수 없습니다. 그래서 목사님들은 자신의 설교를 돌이켜 보며 다시 한 번 연구와 수고의 땀을 흘려 교인들의 입맛에 맞는 설교를 준비합니다.

해마다 아내의 생일을 챙기지 못해 늘 핀잔을 받던 남편이 있었습니다. 그러나 올해는 기어코 아내의 생일을 기억하여 기쁨을 주리라 각오를 단단히 하였습니다. 드디어 생일날 아내의 나이만큼 크고 빨간 장미꽃다발을 준비하여 선물하였습니다. 큰 칭찬을 받을 줄 알았는데 도리어 아내가 화를 버럭 내고 말았습니다. 빨간 장미꽃다발을 땅에 던지면서 말입니다. "당신, 내가 나이를 많이 먹는 게 그렇게 좋아요?"

요새 남편들은 적극적이고 요리 잘하는 마르다 형을 좋아할까요? 아니면 사색적이고 순종을 잘 하는 마리아 형을 좋아할까요? 지금 시대는 마르다도 아니요 마리아도 아닙니다. 대부분의 남편들은 식사 전에는 마르다를 찾다가 식사 후에는 마리아를 찾는다고 합니다. 양면성을 다 소망한다는 것입니다. 그러므로 목사님들도 본문 해석의 정확성과 동시에 그 본문 중심의 적용 능력을 더욱 향상 시켜야 합니다. 성도들은 주중 내내 동료 신학생들만 만나는 신학교 내의 신학생이 아니라 무신세계 삶의 현장에서 받은 말씀을 적용하여 빛과 소금이 되고자 하는 평신도 선교사들이기 때문입니다. 그래서 설교는 해석과 적용의 수레바퀴가 동시에 잘 굴러가야 합니다.

설교는 마치 건물의 창과 같습니다. 본문해석을 잘해야 한다는 강박관념에 그것에 치우치면 창문이 없는 건물처럼 우중충하며 매력 없는 설교가 됩니다. 반대로 적용을 잘해야 한다는 마음에 예화를 많이 사용

하면 마치 창문이 너무 많아 건물이 가벼워 보이듯이 설교가 그렇게 될 수 있습니다. 두 가지의 균형과 조화를 잘 이루어가는 능력을 성령의 역사와 본인의 노력으로 받아야 합니다.

동시에 교인들은 설교를 경청해야 합니다. 목사님의 개인적 의견이 아니라 자신을 향한 하나님의 음성으로 경청하기 위해 토요일 밤을 마치 주일 예비일처럼 보내야 합니다. 그리고 주일에는 마치 미국의 전설적인 부자였던 록펠러처럼 예배당 앞자리를 사모해야 합니다. 즉 영적파장을 방해할 수 있는 조건이 적은 앞자리를 금방석처럼 여기며 다투어 앉으려는 교인들이 많은 교회에 성령의 역사가 다양하게 나타날 것입니다.

불러 드릴까요?

영어회화를 준비하고 미국 가시는 어르신들이 얼마나 되겠습니까?

이 할머님도 아들 내외와 함께 미국으로 이민 가셨는데 닭고기를 참으로 좋아하셨습니다. 그래서 어느 날 용기를 내어 치킨가게로 들어가셨습니다. 닭다리가 먹고 싶은 이 어르신께서 자기 다리를 보여주며 손가락 두 개를 보여 주자 종업원이 밝게 웃으면서 닭다리 두 개를 주는 것이 아닙니까?

생각보다 쉬웠습니다. 그래서 며칠 후 또 그 치킨가게에 들어가 닭날개를 먹고 싶어 두 어깨위로 두 손을 올려 날개 짓을 하였습니다. 그리고 손가락 두 개를 보여 주자 역시 닭 날개 두 개를 주는 것이 아닙니까? '미국생활 생각보다 쉽네!' 그런데 며칠 후 닭 가슴살이 먹고 싶은 것이 아닙니까? 그 때는 조금도 주저함 없이 그 가게로 들어가 자기 가슴을 가볍게 두드리며 손가락 두 개를 보여 주었는데 이게 웬일입니까? 종업원이 민망하게 웃으면서 우유 두 잔을 주었다는 것입니다.

물론 우유가 아니라 닭 가슴살을 주문한 것이라고 영어로 말할 수 없어 그저 우유를 들고 그 가게를 나오셨던 할머님은 아마도 그 때 문득 고국생각이 났을 것입니다. 비슷한 이야기 하나 더 해드리겠습니다. 어느 목사님께서 아주 시골교회에 부흥회를 인도하러 가셨습니다. 추운 겨울 저녁예배를 마치고 허름한 여관방에 들어왔는데 방이 너무 차갑고 추웠습니다.

이렇게 한 밤을 지내기에는 너무 힘들 것 같다고 생각하고 있는데 마침 그 낡은 여관의 주인이 노크를 하고 방문을 열었습니다. 그리고 하는 말, "불러드릴까요?" 순간 그 목사님은 당황하였습니다. 왜냐하면 혹 일부 지방에는 남자 혼자 투숙하면 여자를 불러 준다는 소문을 들었기 때문입니다. 그래서 단호한 표정으로 이렇게 말씀하셨습니다. "필요 없습니다! 그냥 가세요!"

그리고 그 날 목사님은 거의 동태가 될 뻔 하셨답니다. 너무 추워 제대로 주무시지도 못하시다가 비몽사몽간에 새벽기도를 인도하러 나가셨다고 합니다. 실은 그 여관 주인이 목사님께 드린 말씀은 "(방이 너무 추운데) 불을 넣어드릴까요?"라는 뜻이었는데 말입니다. 그 목사님은 새벽기도 인도하시면서 손수건이 콧물로 흠뻑 젖고 말았습니다. 아마도 그 목사님 그날 밤 사택의 따뜻한 안방이 간절히 생각났을 것입니다.

마찬가지로 새신자의 지금까지 다니던 교회와 전혀 다른 환경과 교회에서의 새로운 신앙생활은 어색하며 때론 어이없는 일로 당황하게 됩니다. 여러 가지 사연으로 새로운 교회에 처음으로 등록하는 일, 전혀 교제가 없던 교인들과 구역예배 및 전도회, 월례회에 처음 참석하는 일, 그리고 아직도 그저 안면 정도만 있는 상태인데도 결단을 내려 오래 그 교회 다닌 교인들과 함께 봉사생활을 시작하는 것은 참으로 어색한 일입니다. 때론 군중 속의 고독을 느낄 수 도 있습니다.

이럴 때 먼저 본 교회 생활하고 있는 교인들의 작은 배려와 사랑은 적응하려는 교인들에게 마치 가문 여름에 시원한 냉수와 같을 것입니다. 어색함과 이질감이 등 뒤로 물러갈 것입니다. 그리고 새로운 신자를 그렇게 대접한 성도님은 뿌린 대로 거둔다는 말씀이 응답 될 것입니다. "주 앞에서 낮추라 그리하면 주께서 너희를 높이시리라"(약4:10).

새 가족은 초보운전자와 같습니다!

거리를 운전하다 보면 차창에 붙은 다양한 초보운전자의 문구를 읽게 됩니다. "좌우 백미러 전혀 안 봄!" "미치겠죠? 저는 환장하겠시유." "내 그림자를 밟지 마세요." "어머머! 이 글씨가 보이세요? 그럼 너무 가까이 붙으셨다는 거예요!" "R아서 P하세요!" "형님들 존경합니다!" "지금은 초보, 마음은 터보, 건들면 람보!"

새 가족은 마치 초보운전자와 같습니다. 모든 것이 낯설고 어렵고 당황스럽기도 합니다. 그러므로 새가족은 마치 유모의 마음으로 대해야 합니다. 딱딱한 음식을 먹는 어른이 아니라 마치 모유를 빠는 아기처럼 대하며 먼저 사랑해야 합니다. 새가족에게 절대 말하지 말아야 할 7계명이 있습니다.

1. "왜 우리 교회 오셨어요?"
2. "어느 교회에서 오셨어요? 무슨 문제라도 있었나요?"
3. "남편은 무슨 일 하세요? 자녀들은 어느 학교를 다니나요?"
4. "우리 교회는 새가족이 정착하기 참 어려운 교회이거든요."

5. "굴러온 돌이 박힌 돌을 빼려고 하면 안되죠."
6. "너무 깊이 알려고 하거나 열심을 내다가는 금방 상처를 받을 거예요. 적당히…"
7. "제 느낌인데 고향이 거기가 맞죠?"

반면 새가족에게 말하면 너무 좋은 7계명이 있습니다.

1. "첫 인상이 너무 좋으시네요. '볼매덩'(볼수록 매력덩어리)이시네요."
2. "우리 교회로 마음을 결정한 것은 정말 탁월한 선택이었습니다."
3. "참 잘 적응하고 계시니 보기에 좋습니다."
4. "혹 먼저 친절하게 인사해 주지 않아도 그러려니 하세요. 저도 그 고비 넘겼지요."
5. "우리 교회 교인들은 냄비 같지 않고 솥뚜껑 같아서 서서히 친해지거든요."
6. "몇 주 전에 목사님께서 성도님 안부를 여쭤 보시더라고요."
7. "우리 서로 삼행시 '나그네'를 해 봅시다.
    "나"= "나 그대를 환영합니다!"
    "그"= "그대도 날 환영하세요?"
    "네"= (피차 마주보며) "네!"

반대로 새 가족들도 누가 자기를 이끌어 주기를 바라기 보다는 자신이 먼저 긍정적, 적극적으로 새로운 교회생활에 적응해 나가려는 도전력이 있어야 합니다. 즉 '쓰러지는 한이 있어도 이번에는 포기할 수 없다!'라는 마음이 필요합니다. 천국은 침노하는 자가 들어갑니다. 교회생활이 마치 자그마한 천국 같기를 소망합니까? 주일이 기다려지는 새로운 교회생활이 되기를 기대합니까?

그렇다면 지금 다니는 교회생활은 어떤 시험을 당하는 한이 있어도 절대로 포기하지 않겠다는 마음으로 해야 합니다. 그리하면 성경과 성령께서 힘을 주시고 지혜와 기쁨을 더하여 주실 것입니다.

생신 축하합니까?

어느 사람이 신호등 위반으로 경찰에 잡혔습니다. 마침 사거리 신호등이 바뀌는 순간이었기에 많은 차량들이 함께 위반하였건만 유독 자신만 잡힌 것이 불만이었습니다. "아니, 내 차량 앞뒤에 적지 않은 차량이 다 위반했는데 왜 나만 잡습니까?" 강하게 항의를 하였습니다. 그러자 경찰이 이렇게 대답하였다고 합니다. "선생님 낚시를 할 줄 압니까?" "예, 조금…" "그렇다면 낚시를 할 때 그 저수지의 고기를 다 잡습니까? 아니면 한 마리씩 잡습니까?" "……"

아이언사이드 목사님께서 회의를 진행하고 있었습니다. 그 때 어느 집사님께서 큰 소리로 "법대로 합시다!"라고 외쳤습니다. 이런 분들은 보통 자신이 정의파에 속한다고 생각하는 분입니다. 그러자 목사님께서 점잖게 "집사님, 법대로 하면 좋겠죠? 만일 하나님께서 집사님을 법대로 판단하셨다면 벌써 이 세상을 떠나 지옥에 가 있을 텐데요?"

교회 회의나 모임을 가질 때 유독 화를 잘 내며 "법대로 합시다!"는 것은 그리 흠모할만한 성품이 아닙니다. 반대로 그 무엇이든지 깊이 생

각하지도 않고 "은혜롭게 합시다!"라며 대충 넘어가려는 것도 좋은 성품은 아닙니다. 은혜가 결국 방종이 될 수 있기 때문입니다.

다만 우리 성도들에게 필요한 성품이 있다면 지혜롭게 협상하며 결론을 내는 것입니다. 혼자 가려면 빨리 가지만 오래 가려면 같이 가야 하는 법입니다. 피차의 인격 및 처지를 이해하며 늦더라도 같이 갈 수 있는 협상과 선택이 필요한 시대입니다.

어느 노회 목사님들이 일본으로 수양회를 떠났습니다. 우리나라와 달리 일본 사람들은 식당에서 큰 소리로 떠들며 식사를 하지 않습니다. 그런데 마침 그날 아침 노회장님이 생신을 맞아 생신축하노래를 불러야하는데 식당이 너무 조용하였습니다. 주위 일본사람들과 한국 관광객들에게 피해를 주지 말아야 하기에 주춤거릴 때 지혜로운 목사님께서 아이디어를 내셨습니다.

"내가 작은 목소리로 생신축하노래를 선창할 것이니 한 소절 한 소절이 끝날 때마다 '예!'라고 대답을 하시면 됩니다. 알았죠?" 그 목사님께서는 조심스러운 목소리로 노래를 선창하기 시작하였습니다. "생신 축하합니까?" 30여명의 목사님들은 작은 목소리로 "예…"라고 대답하였습니다. "생신 축하합니까?" "예!" "사랑하는 노회장님 생신 축하합니까?" "예~"

만일 30여명의 목사님들이 자신의 마음대로 큰 소리로 생일축하노래를 합창하였다면 그 소리는 조용한 아침 그 식당의 소음에 불과했을 것입니다. 그러나 작은 목소리로 "예…"만 하시므로 나만큼 너와 우리를 생각하며 배려하는 예의로 주위 사람들에게 작은 감동을 주었던 것입니다. 때론 자신의 판단에 따른 고성과 분노를 예수님의 의분에 비유하는 분도 있습니다. 불경건입니다. 우리들은 예수님의 신들매가 아니라 그 분과 비교하는 것조차 불경건인 피조물이요 죄인 중에 괴수이기 때문입니다.

늘 열정과 함께 냉정을 지니며 교회 공동체를 아름답게 만들어가는 성도들이 되었으면 합니다.

세상에서 제일 맛이 없는 회는?

어느 목사님께서 ○○교회에 강사로 초청을 받았습니다. 예배시간이 되어 강대상에 올라가 보니 참으로 이상한 광경이 보였습니다. 빠른 박자의 찬송가를 너무나 힘차게 부르고 있는데 박수를 치는 분은 한 명도 보이지 않는 것이었습니다. 너무나 이상했습니다.

찬양을 인도하는 경배와 찬양팀원들이나 교인들의 표정은 너무나 밝고, 몸도 좌우로 흔들며 기쁨으로 찬양을 하는데 박수만은 치지 않는 모습이 너무 어색했습니다. 마치 양복 입고 갓 쓴 신사 같은 광경이라 예배 후 그 교회 목사님에게 질문을 드렸더니 이렇게 대답하더라는 것입니다. "당회에서 본당에 악기를 놓는 것과 빠른 찬송을 하는 것은 허락했는데… 박수치는 것은 아직 허락하지 않았기 때문에…!"

어느 목사님께서 지방 모 교회에 집회를 인도하러 가셨습니다. 부흥 사경회 첫날 밤 처음 만난 교인들과의 친숙함을 위해 몇 마디 유머를 던졌습니다. 다른 교회 같으면 박장대소를 할 내용인데 아무도 웃지 않는 것이 아닙니까? 좀 이상했지만 2박3일 집회의 진행을 위해 다시 한 번 더 우스운 이야기를 드렸으나 역시 반응은 냉랭하고 썰렁하였습니다.

어렵게 첫날 저녁집회를 마친 후 숙소로 자신을 모시고 가는 운전하시는 집사님에게 교인들이 왜 그리도 웃지 않는가를 질문하였더니 이렇게 대답하더라는 것입니다. "아직도 본당에서는 웃으면 안 된다는 당회 결의가 해제되지 않았기 때문이지요. 사실 속으로는 다 웃어요. 어떤 분은 다 모아 놓았다가 자기 집 화장실에 가서 한꺼번에 웃기도 한답니다!"

하나 더 말씀드릴까요? 주택가 한 가운데 있는 교회에 전기누전으로 불이 났습니다. 많은 주민들이 달려 나와 교회 근처에서 발을 동동 구르며 안타까워하는 그 교회 교인들에게 빨리 119에 신고할 것을 외쳤습니다. 그런데 그 교인들은 전혀 신고할 생각은 하지 않고 서로 눈치만 보는 것이 아닙니까? 주민들은 너무 이상해서 왜들 이러냐고 다그치자 교인 중 한 사람이 이렇게 대답하더라는 것 아닙니까? "아직 119에 신고하라는 당회 결의가 없는데요? 모든 장로님들에게 이 화재사건이 아직 통보되지 않았고 긴급당회 결과도 나오지 않았는데 어찌 감히 119에 연락한단 말입니까?"

당회를 폄하하거나 우습게 여기는 마음으로 글을 쓰는 것은 아닙니다. 다만 당회 및 당회원들의 기능에 대하여 말씀을 드리고자 하는 것뿐입니다. 당회하면 회의 기능을 먼저 생각하게 하는 교회는 성장이 더디거나 멈춘 것을 볼 수 있습니다. 그러나 당회원 하면 사역 기능을 먼저 떠올릴 수 있는 교회는 놀랍도록 성장하는 것이 사실입니다. 물론 회의 기능을 무시하는 것이 아니나 회의가 많고 길면 회의를 느끼게 될 것입니다. 그러므로 회의 보다 당회원 장로님들의 교회 및 교인과 새 가족들을 섬기는 사역 기능이 우선된 교회로 만드는 것은 참으로 중요한 개혁이요 갱신입니다.

그럴 때 비로소 교인들에게 너무 이질적이요 이해할 수 없는 회의 결과를 도출해 내는 당회가 되지 않을 것입니다. 그 까닭은 장로님들이 교인들 사이에서 같이 사역하다가 그들을 이해하고 포용하는 능력을 키울 수 있었기 때문입니다. 최소 평신도들 중에서 상식이 통하는 당회원이 되어야 합니다. 그 때야말로 이 세상에서 제일 맛없는 회가 당회라는 유행어가 그 교회에서 사라지고 말 것입니다.

소똥 십일조

혹 '소똥 십일조'라고 들어보셨는지요? 저도 처음 들어보았습니다. 몽골 선교사 천강민 목사님께서 우리 교회 부흥회 강사로 오셔서 하신 말씀이었습니다. 약 18여 년 전 한국인 최초의 선교사로 몽골에 들어갔을 때였습니다. 세 살 버릇 여든까지 간다는 말도 있듯이 신앙생활의 처음 습관이 중요할 것 같아 예수의 '예'자도 알지 못하는 현지 사람들에게 십일조를 강조하였습니다. 성경대로 가르치고 싶은 열망 때문이었습니다.

기회가 있을 때마다 십일조를 강조하니 듣는 교인들도 좀 이상한 외국 사람이 왔다고 여기면서도 가랑비에 옷이 젖듯이 한 명 두 명씩 십일조를 드리기 시작하였습니다. 제가 알고 있는 어느 선배 목사님은 모 교회에 부임하신 후 6개월 동안 십일조 설교만 하셨습니다. 약 30여명이 모이는 그 교회에서 십일조를 성경대로 하는 교인이 거의 없었기 때문입니다. 처음 몇 주일은 교인들이 참았으나 한 달이 지나자 불평이 터져 나왔습니다.

그래도 선배 목사님은 조금도 흔들리지 않고 십일조 설교를 계속하였

습니다. 기도, 전도, 봉사하면 받는 하나님의 복이 따로 따로 있듯이 십일조를 잘하여 받을 복도 분명 따로 있다고 선포하기를 6개월! 그 때가 되자 교인들이 찾아와 이렇게 목사님께 말씀드렸다고 합니다. "목사님, 다음 주일부터 십일조를 드릴 것이니 제발 십일조 설교를 중단해 주세요!"

시간이 지나자 몽골의 그 안디옥교회 교인들 중 십일조 설교에 불평하던 사람들도 점점 십일조를 드리기 시작하였습니다. 그리고 십일조를 드리는 교인들의 신앙과 삶에 하나님의 은혜와 축복이 임하기 시작하였습니다. 그것을 본받은 어느 여자 교인이 주일날 큰 자루를 가지고 예배에 참석하였습니다. 선교사님은 설교를 하면서도 도대체 저 큰 자루에 무엇이 들어 있을까 궁금하였습니다. 그리고 예배 후 그 내용이 무엇인지를 확인하였는데 소똥이 가득 담긴 자루였습니다.

소똥 십일조를 가져 오신 것입니다. 우리나라 소똥과 달리 그 당시 몽골의 소똥은 건축에 요긴한 재료였습니다. 전통가옥인 '게르'의 벽을 쌓는데 소똥은 필수적인 건축자재였습니다. 소똥은 돈이었습니다. 선교사님은 그 십일조를 붙잡고 간절히 기도하였습니다. 이 소똥에 30배, 60배, 100배의 축복을 이 가정에 허락해 달라는 간구였습니다. 보편적으로 하나님께서는 말씀을 전혀 알지 못하는 지역으로 가신 선교사님의 초기 사역에 자주 기적적인 일을 허락해 주십니다. 그 이유는 그 현지인들이 성경과 설교를 통해 하나님을 만날 수 있는 능력이 아직은 부족하기 때문입니다.

　그 후 희한하게도 그 동네의 소들이 아침마다 소똥 십일조를 드린 그 성도님의 집으로 꾸역꾸역 몰려오기 시작하였습니다. 그리고 그 집 앞에서 일을 보는 것이었습니다. 심지어 동네 소들이 줄을 서서 기다리다가 그 소똥 십일조를 드린 성도님 집 앞에 그 일을 보고 갔다는 것입니다. 드린 대로 하나님께서 채우시고 흔들어 넘치도록 역사해 주셨습니다. 동네의 화젯거리요 동시에 크게 예수를 외치지 않았지만 전도의 효과가 컸습니다. 십일조는 첫째, 하나님의 성물임을 인정하는 물질의 신앙고백입니다. 동시에 물질의 소유가 하나님께 있음을 인정하는 경건입니다. 그리고 자신의 물질 수입의 유무는 오직 하나님의 손에 달려 있다는 신앙고백을 십일조로 표현할 줄 아는 신앙으로 계속 성숙되어 지기를 소망합니다.

스님께서 십자가 지세요!

어느 신앙이 좋은 연예인 이야기입니다. 그 자매는 애완견을 좋아해서 6마리나 키우고 있었답니다. 그 녀석들이 털갈이 할 때는 정말 장난이 아니었겠죠? 온 집안 구석구석 뿐 아니라 그 털이 날려 때론 숨쉬기조차 힘들었습니다. 마침 그럴 때 목사님의 심방을 받게 되었습니다. 설교 후 목사님께서 기도를 하시는데 기도를 이상하게 하는 것이 아닙니까? "하나님 아버지…퇴~ 퇴엣!" "이 가정을 축복해 주시옵… 퇴엣 ~ 퇴!" 그러더니 갑자기 "주님께서… 콜록 ~ 콜록!!" 하시다가 대강 기도를 마치셨다는 것입니다. 그 털갈이 하는 녀석의 개털이 예배방해죄, 기도방해죄를 범하고 만 것입니다.

심방을 받을 때 예수님의 이름으로 가정을 방문해 주는 목사님을 위해 준비하면 좋을 것이 있습니다. 예배상 준비, 방석과 물 한잔, 적당한 복장과 마음의 준비기도 등일 것입니다. 특히 말씀을 선포하시고 기도해 주실 때 방해될만한 요소들을 미리 체크해 두는 것도 좋은 방법입니다. 휴대폰을 매너모드로 해 놓는 것, 전화기 곁에 심방대원이 대기해 있는 일, 초인종이 울릴 때 주인 대신 나가서 일을 처리해 주는 것, 계속 짖어대는 애완견을 적당히 격려하거나 품에 안아 주는 일, 그리고 할 수 있거든 가족이 다 함께 참석할 수 있도록 하는 일 등입니다. 특히 자녀들이 동참하는 것은 더 좋은 경건입니다(행10:24).

그 결과 피차간에 성경적인 은혜가 교차될 것입니다. "내가 너희 보기를 심히 원하는 것은 무슨 신령한 은사를 너희에게 나눠 주어 너희를 견고케 하려 함이니 이는 곧 내가 너희 가운데서 너희와 나의 믿음을 인하여 피차 안위함을 얻으려 함이라"(롬1:11-12). 이러기 위해 더욱 더 심방 중 조심해야 할 것은 늘 상대방을 배려하는 언어입니다. 말 한 마디에 엄청난 위로를 받을 수 있고 반대로 다시 담을 수 없는 상처를 입힐 수 있기 때문입니다. 그러므로 늘 자기 입장에서 말하기 보다는 그 심방 받는 교인의 입장에서 해석하여 말하는 경건이 그 어떤 은사보다 필요한 시대입니다.

어느 연예인 매니저가 정말 독실한 기독교인이었다고 합니다. 그 매니저와 배우는 아주 바쁜 스케줄 중에 어느 절에 가서 스님들과 무술을 하는 장면을 촬영하게 되었습니다. 그런데 영화촬영은 스님들의 주 업무가 아니라 서로 미루는 바람에 다음 스케줄 시간을 지키지 못할 정도가 되었습니다. 그러자 예수님 잘 믿는 매니저가 참다못해 앞으로 나가더니 한 젊은 스님을 향해 이렇게 말했다고 합니다. "우리 너무 바쁘거든요, 그러니 스님께서 십자가 지세요!" 혹 "스님께서 무술 촬영하는 것이 스님의 업보인 것 같습니다!"라고 전했다면 모르지만……

스님에게 십자가 지라는 것이 어색하고 상황에 맞는 말이 아니듯이 우리들도 때론 그런 말은 하지 않았으면 하는 이야기를 서슴없이 하는 심방대원들을 보게 됩니다. 남편 없는 분 앞에서 남편자랑 냄새라도 풍기지 맙시다. 자녀 없는 분 앞에서 자식새끼들 다 쓸데없다고 말하지 맙시다. 아들 없는 집에 가서 아들이 둘이나 있는 분이 아들보다 딸이 더 낫다고 우겨대지 맙시다. 위로 되는 것이 아니라 성질나게 만드는 것입니다.

노총각, 노처녀 자녀가 있는데 왜 아직도 결혼을 안 하냐고 말하지 맙시다. 좋은 사람 소개도 못하는 주제에 말입니다. 남편 직업이나 그 여집사님의 학력이나 전공을 물어보지 맙시다. 알아서 뭐할 것입니까? 취조하는 것도 아니고 말입니다. 복 비는 말은 못할망정 손주 준다고 남은 간식이나 음식을 싸오지 맙시다. 제발… 너무 누추해 보입니다. 특히 결혼식장이라도 그런데 장례식에 가서 싸오는 것은 성령님도 못 말리시는 교인이 될 것입니다. 기념 수건도 그 주인이 더 주시기 전에 몇 개를 더 달라고 하지 맙시다. 그것으로 장사할 것도 아니잖습니까?

특히 주인되는 교인의 말을 중간에 끊지 마시고 경청하면 좋습니다. 그리고 자신의 의견과 달라도 반론을 주장하지 말고 긍정하며 동의하는 자세를 잃지 마세요. 할 수 있거든 이해하고 동의하며 축복하는 말을 하세요. 말 한 마디가 최악의 선택을 하려 하던 그의 마음을 돌이킬 수 있습니다. 얼음장 같았던 마음을 녹일 수 있습니다. 우울증과 패배주의에 젖었던 그의 마음을 새롭게 할 수 있습니다. 그래서 잠언 기자는 "죽고 사는 것이 혀의 권세에 달렸나니 혀를 쓰기 좋아하는 자는 그의 열매를 먹으리라"(잠18:21)고 말씀하셨습니다.

신앙사고 내는 방법

예찬의 집(교회수양관)으로 가던 중 문막 휴게소를 잠시 들렀습니다.

무심코 바라본 곳에 이런 글이 있었습니다. '교통사고 내는 방법'

1. 휴식이나 수면은 갓길에서 취하라!
2. 피로와 졸음은 인내력으로 극복하라!
3. 목적지까지는 최대한 빨리 가라!
4. 눈길과 빗길에서는 평소 속도대로 운행하라!
5. 운전대 조작은 과감히, 되도록 많이 하라!
6. 운전 중 많은 동작과 생각을 하라!
7. 차량은 연료와 세차에만 신경을 써라!
8. 앞 차와의 거리는 되도록 가까이 하라!
9. 화물적재는 대충 그리고 적당히 하라!
10. 차로 변경은 급하게, 자주하라!

문득 이런 생각이 났습니다. '신앙 사고 내는 방법'

1. 휴식이나 수면은 설교시간에 취하라!

2. 피로와 졸음은 주보 광고 및 헌금자 명단 읽기로 극복하라!

3. 예배시간이 최대한 빨리 끝날 수 있도록 여론을 조성하라!

4. 눈 오는 날, 비오는 날에도 평소와 같은 시간에 집에서 출발하라!

5. 자녀 앞에서 교회 불평은 과감히, 되도록 많이 하라!

6. 대표기도와 설교시간에 많은 동작과 생각을 하라!

7. 신앙생활은 직분과 축복에만 신경을 써라!

8. 되도록 앞에 앉은 교인의 뒷모습과 머리 스타일을 가까이 보라!

9. 성경, 찬송가는 대충 그리고 적당히 지참하라!

10. 출석 교회 변경은 급하게, 그리고 자주하라!

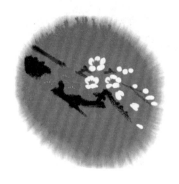

십일조 공포

인천의 어느 목사님께서 그 지역의 연합회 사역관계로 신부님을 만났습니다. 식사를 하는데 신부님께서 조심스러운 목소리로 이런 질문을 하셨습니다. "목사님! 교회에서는 100만원 수입에 대한 십일조로 10만원을 드린다는데 목사님 교회 교인들도 그렇습니까?" 너무나 당연한 질문에 목사님은 그렇다고 하셨습니다. 그러자 설마 하는 표정으로 신부님께서 "그러면 혹 500만원의 십일조인 50만원을 하는 교인도 있습니까?" 하시기에 그렇다고 대답하였더니 도대체 믿어지지 않는다는 표정으로 "정말요?" 하더라는 것입니다. 그 때 그 목사님께서 한 술 더 떠 이렇게 대답해 드렸습니다. "저는 성도님들에게 이렇게 설교를 합니다. '성물인 십일조를 하나님께 드리지 않으려면 차라리 천주교로 개종하세요!' 라고 말입니다."

혹 성도님들 중에는 천주교 계통 TV에 가끔 나오는 어느 신부님의 말씀을 기억하시는 분들도 있을 것 같습니다. 그 분은 성당을 다니는 분들에게 세미나를 인도하시면서 이렇게 말씀하셨습니다. "저는 때론 목사님들이 부러울 때도 있습니다. 만일 신부들이 목사님들처럼 십일조와 헌금에 대하여 분명히 가르치며 강조한다면 우리 천주교인들의 반응이 어떨 것이라고 생각하십니까? 물론 우리 성당 다니는 분들이 다 그런 것은 아니지만 그럼에도 불구하고 일부 천주교인들은 문자 그대로 교회를 들락거리는 교인일 뿐입니다. 그러나 교회 다니는 분들은 자기를 자칭 성도라 하지 않습니까? 구별된 신앙과 삶을 살아가는 사람이라는 뜻이겠지요."

그래서 어느 신부님은 이런 말씀을 하시기도 합니다. "왜 천주교인이냐? 늘 천원짜리만 헌금하는 교인들이기에 천주교인이 아닐까 생각해 봅니다!" 성도님들, 혹 이런 생각을 해 보았습니까? 한국 천주교인들에게 교회처럼 십일조와 각종 헌금을 드려야 할 것을 분명히 가르친다면…? 교회처럼 조상숭배와 제사를 금한다면…? 술, 담배를 할 수 있거든 멀리 하라고 설교한다면…? 중요 제직은 한 주간에 최소한 3번 정도는 예배 혹은 기도회에 참석해야 한다고 강조한다면 과연 얼마의 천주교인들이 남겠습니까?

아마도 참 많은 천주교인들이 "저 분 신부 맞아? 아니면 목사야?" 불평할 것이 분명합니다. 사람들이 보편적으로 제일 큰 공포를 느끼는 높이가 얼마라고 생각하십니까? 10미터입니다. 그래서 군대의 특수부대에서 고공낙하훈련을 할 때도 더 높은 곳이 아니라 10미터에서 실시합니다. 마찬가지로 성도가 제일 두려워하며 계속 주저하는 경건이 있다면 십일조입니다. 그것을 일명 "십일조 공포"라고 합니다. 그러나 이 십일조 훈련을 결단한 후 시작하기만 하면 한 단계 높은 신앙인으로 성화하

게 될 것입니다. 영적 특수부대원 자격을 얻어 자신의 신앙을 흔드는 사람이나 그 어떠한 상황에도 끄덕하지 않고 승리의 삶을 계속 살게 될 것입니다.

저는 가끔 이런 감사헌금 내역을 볼 때가 있습니다. "드디어 저의 기도가 응답되었음을 감사드립니다. 저의 남편이 십일조 신앙인으로 거듭나게 된 것을 진심으로 감사합니다!" 십일조는 첫째, 하나님의 것이요 성물입니다. 둘째, 물질의 주관자가 이제부터 자신에게서 하나님에게로 이양된다는 결단이요 믿음의 극치입니다. 그리고 마지막으로 자신이 천주교인, 불교인이 아니요 기독교인이라는 최후 증언입니다. 그것이 십일조입니다.

어, 이게 아닌데…!

　처음으로 교회를 등록하는 분들에 대한 세심한 배려는 아무리 강조해
도 과언이 아닐 것입니다. 불신의 때를 밀어버리고 신앙의 옷을 입기 위
해서는 건너야 할 산이 많으며 적응해야 할 경건생활이 적지 않기 때문
입니다. 어느 새 가족이 교회 다니기 시작하면서 큰 은혜를 받은 찬송이
있었다고 합니다. 너무나 가사가 마음에 들어 몇 번이고 부르면서 새롭
게 시작한 신앙생활의 중도포기가 없도록 열심을 내었습니다. 그런데 봄
이 되어 소속한 여전도회에서 야외예배를 나갔는데 순서에 따라 자기소
개와 찬양을 부르는 시간이 되었습니다.

　마침 자기 차례가 되어 인사를 드린 후 그동안 잘 알고 부르던 그 찬
송을 부르기 시작하였습니다. 그런데 그가 교회 등록 전에 노래방 가면
늘 부르던 건전가요가 있었는데 그 노래 제목이 '사랑을 위하여'(김종환
님)이었습니다. 거의 교제와 대화가 없었던 열 몇 명의 전도회 회원들이
자기를 쳐다보는 순간 당황하여 그만 곡조를 착각하여 부르고 말았습니
다. "낮엔 해처럼 밤에 달처럼 그렇게 살 순 없을까, 물안개 피는 강가에
서서 작은 미소로 너를 부른다… 어, 이게 아닌데…?" 얼마나 당황하셨

겠습니까?

또 한 가지 우스운 소리, 그러나 실제로 있었다는 이야기를 해 드립니다. 대학 다닐 때 운동권 학생이요 민족주의 사상에 심취했던 청년이 극적으로 예수님을 만났습니다. 모태신앙인과 달리 열정적으로 신앙 생활하다가 어느 해 청년부 경배와 찬양팀의 리더가 되었습니다. 힘 있게 '사막에 샘이 넘쳐흐르리라'라는 찬송을 인도하다가 그만 이렇게 불러버리고 말았답니다. "사막에 샘이 넘쳐흐르리라 사막에 꽃이 피어 향내내리라 그 누가 아무리 자기네 땅이라 우겨도 독도는 우리 땅… 어, 이게 아닌데…?"

그럴 때 먼저 믿은 우리 성도님들은 어떻게 반응하는 것이 좋을까요? 그런 분들을 예수님은 '어린 양'이라고 표현하셨습니다. 어린 양은 어미의 젖이 절대 필요합니다. 동시에 눈이 나쁘고 방향감각이 극히 부족해 갈 바를 잘 알지 못할 때가 있습니다. 그러나 사랑과 희생이 겸비된 어미 양에게 잘 양육을 받으면 제대로 성장하게 될 것입니다. 마찬가지입니다. 그가 지금은 신앙이 어리고 약하지만 나중에는 좋은 양, 크고 건강한 성도로 성장할 것을 볼 줄 알고 행하는 것이 우리들의 의무요 특권입니다.

요한복음 21장 15절에서 주님께서 새 가족을 '어린 양'으로 말씀하셨지만 16-17절에서는 '양'이라고 표현하신 것은 새신자의 성장과 성숙을 이미 예견하신 것입니다. 또한 주님께서 베드로를 처음 부르실 때에는 "사람을 낚는 어부가 되게 하리라!"(마4:19)고 하셨습니다. 이는 우리들이 부름 받고 예수님을 영접한 후 전도사역을 감당해야 할 것을 명하신 것입니다. 그러나 그 후 예수님과 3년이라는 긴 세월을 동행한 베드로에게 이제는 이런 사명을 말씀하셨습니다. "어린 양을 먹이라!"(요21:15). 이는 전도하는 시기를 지나 이제는 양육의 은사와 능력을 받아 활용해야 할 때임을 말씀하신 것입니다.

이제 신앙의 걸음을 잠시 멈추고 좀 더 낮은 곳을 쳐다보세요. 그 곳에 양육하며 돌보아야 할 그 누가 있을 것입니다. '낮아짐'과 '같이 함'을 통해 그리스도의 사랑을 몸소 실천하는 기쁨을 누리시기를 소망합니다.

에어컨?

2008년, 한 여름 폭염 속에 있었던 일입니다.

어머니와 딸이 에어컨 가동 여부를 놓고 시비를 벌이다 서로 폭력을
휘둘러 경찰에 입건되었습니다. 대구 서부경찰서는 에어컨 사건으로 어
머니 이모씨(50세)와 그의 딸(18세)을 상해혐의로 불구속 입건하였습니
다.

경찰에 따르면 폭염이 계속되던 8월 6일 어머니 이씨는 "전기료가 비
싼데도 틈만 나면 에어컨을 튼다"며 딸을 나무라다가 그의 등을 손바닥
으로 5-6차례 때린 혐의로 불구속되었습니다. 이에 딸은 "왜 때리냐?"며
자신의 엄마에게 달려들어 손톱으로 목 등을 할퀸 혐의를 받았습니다.

이씨는 자기 딸이 에어컨 가동 문제로 결국 극단적인 행동까지 벌이
며 심하게 반항하자 경찰에 신고를 했던 것입니다. 경찰 관계자는 "평소
두 사람 사이가 좋지 않아 사소한 문제로 상해사건까지 있었습니다. 둘
이서 원만한 해결에 이를 것을 조언하였으나 결국 잘되지 않았습니다"

라고 말하였습니다. 정말 콩가루 집안입니다. 그러나…

에어컨? 그것은 그 가정의 문제만은 아닌 듯합니다. 새성전 건축을 위해 임시예배처소를 사용하고 있는 우리 교회의 문제이기도 합니다. 한여름 자주 예배 및 기도회 때 반복되는 일이 있습니다. 어느 분들은 에어컨을 끄기에 바쁘고 다른 분들은 그 끈 것을 다시 켜기에 바쁩니다. 그 한 가운데 우리 부교역자들은 눈치 보기에 바쁩니다.

왜냐하면 에어컨 전쟁을 치르고 있는 그들의 눈빛이 도끼눈 같고 표정은 갈고리 같기 때문입니다. 단골이 없는 장사꾼이 있습니다. 그 사람은 장의사입니다. 그런데 이 에어컨 끄기와 켜기에는 단골 교인이 있습니다. 엿장수는 가위질을 몇 번하겠습니까? 엿장수 마음대로? 아닙니다. 엿이 다 팔릴 때까지입니다. 마찬가지로 한 여름이 다 지나 초가을이 될 때 까지 그들의 에어컨 전쟁은 계속됩니다.

비행기 실내는 때론 추울 정도로 에어컨을 틉니다. 몸에 열이 있는 분, 혹은 심장병 환자들을 위한 배려라고 합니다. 그러나 몸이 차가우신 분, 혹은 에어컨 바람 때문에 잘 유지되고 있던 지병이 재발되는 교인들과 학생들이 있습니다. 그러므로 저도 어느 편에 손을 들어줄 수는 없습니다. 다만 인정도 눈물도 없는 아버지를 허수아비라고 합니다. 그 허수아비의 심정으로 말하고 싶습니다.

올해 여름만이라도 자신의 예배 혹은 기도하시는 자리를 옮기면 좋을 듯합니다. 에어컨 바람이 싫은 분은 좀 더 멀리 앉아보지 않으시렵니까? 반면 에어컨 바람이 필요한 분은 에어컨 바람을 확실히 느낄 수 있는 예배자리로 옮겨 보는 것도 좋습니다. 자신의 예배자리를 악착같이 고수하는 것은 습관이지 결코 순교의 마음으로 지켜야 할 성경적 이유가 아니기 때문입니다.

용왕님과 하나님

세상에는 억울한 사람들이 너무 많습니다. 그 중 가장 억울한 사람은 소화제 먹고 체한 사람이라고 합니다. 그런데 그보다 더 억울한 사람이 있다고 합니다. 그 사람이 바로 교회 옆에 살면서 구원받지 못하고 천국 가지 못하는 사람이랍니다. 그 누가 하나님의 집 곁에 살면서도 하나님을 믿지 않는다면 아마도 둘 중에 하나일 것입니다. 하나님을 약 올리는 사람이든지 아니면 참 불쌍한 사람입니다. 혹 그 분이 지금도 무엇이라고 교회를 비판해도 우리는 꾸준히 이렇게 이야기 해 주어야 합니다. "아니, 우리나라 공기가 오염 됐다고 숨 쉬지 않나요? 그럼에도 불구하고 숨은 쉬어야 하듯이 하나님은 믿어야 합니다! 작은 것 때문에 큰 것을 잃지 마세요!"

아내의 마음을 잘못 읽어 낭패 당한 남편 이야기를 아시는지요? 아내가 설거지를 하면서 남편에게 "아이 좀 봐요!" 하였습니다. 보라고 했다고 아이를 30분 넘게 뚫어지게 쳐다보다가 아내에게 행주로 눈을 얻어 맞았다고 합니다. 아내가 청소를 하면서 "세탁기 좀 돌려요!"라고 하였습니다. 돌리라고 했다고 아픈 허리 무릅쓰고 세탁기를 들어 돌리다가

아내가 던진 바가지로 뒤통수를 맞았다고 합니다.

아내가 TV 연속극을 보면서 "커튼 좀 쳐요!"라고 부탁하였습니다. 그 랬더니 이 남편 창가로 가서 커튼을 툭 치고 돌아오지 않았습니까? 아내 가 던진 리모컨을 피하려다가 벽에 머리를 부딪쳐 피를 보고 말았답니 다. 아내가 빨래를 널면서 "방 좀 훔쳐요!"라고 부탁하였더니 이 남편 용 기를 내어 이렇게 대답했다가 아내가 던진 빨래바구니를 피하려다 걸레 에 미끄러져 지금 침 맞으러 다니고 있답니다. "훔치는 것은 나쁜 짓이 야!"

이와 같이 대부분의 교회 안 다니는 분들은 교회와 하나님에 대하여 많은 오해를 갖고 있습니다. 특히 우리나라 사람들은 전통적으로 용왕님 에 대한 이야기에 익숙해져 있습니다. 그래서 하나님과 용왕님을 같은 수준에서 생각합니다. 용왕님은 화를 자주 내거나 삐지기를 잘합니다. 그래서 바다를 풍우대작하게 하므로 그분께 제물을 바쳐야 한다는 것입 니다. 처녀와 시루떡으로 용왕님의 마음을 달랩니다. 처녀도 예쁜 처녀 야지 미운 처녀는 안 되었고 만일 시루떡에 돼지머리라도 더 드리면 용 왕님의 마음을 더 감동시켜 안전한 항해와 많은 어획이 있을 것이라 믿 었습니다.

그러면 하나님도 용왕님처럼 우리를 보고 잘 삐지며 화를 자주 내시 는 분이십니까? 그래서 비신자들이 이야기하듯이 자기 같은 사람이 교회를 들어오면 하나님께서 도리어 화를 내실 것입니까? 몇 주만 교회를 나오지 않더라도 쉽게 삐지셔서 등을 돌리시는 분이시겠습니까? 아닙니다. 하나님은 참 좋으신 분이십니다. 오래 참으시는 분이십니다. 우리의 행위대로 갚으시는 분이 아니십니다. 우리의 행위 여부가 아닙니다. 오직 하나님 자신이 우리를 먼저 기뻐하셔서 택하시고 보호하시고 사용하신 후 천국으로 인도하시는 분이십니다. 행위가 아니라 은혜일뿐입니다.

"너의 하나님 여호와가 너의 가운데 계시니 그는 구원을 베푸실 전능자시라 그가 너로 인하여 기쁨을 이기지 못하여 하시며 너를 잠잠히 사랑하시며 너로 인하여 즐거이 부르며 기뻐하시리라 하리라"(습3:17). 하나님을 전하는 편지요 나팔과 향기요 움직이는 교회가 되시기를 소망합니다. 자신이 만난 좋은 하나님을 누구의 강요가 아니라 스스로 기뻐 다른 이들에게 알리는 것은 우리의 특권이요 의무입니다. 그리고 그들의 오해를 풀어주고 진리를 알려 주는 아름다운 발들이 되었으면 합니다.

이렇게 뱃삯이 비싸니……

신용카드를 잘 안 쓰는 분들이 있습니다. 현금을 지불할 때는 마음이 한번 아프면 되지만 신용카드는 자기를 세 번 죽이기 때문이랍니다. 첫 번째, 싸인 할 때 쓰라림이 있습니다. 두 번째, 청구서 받을 때 중압감이 있습니다. 그리고 세 번째 통장에서 돈 빠져 나갈 때 상실감은 정말 죽을 맛이라는 것입니다. 고개가 끄덕여지십니까? 그러나 내 돈을 쓴다는 것이 다 쓰라림은 아니어야 합니다. 내 통장에서 돈이 나가는 것이 다 죽을 맛이 되어서도 안 됩니다.

그럼에도 불구하고 성지순례를 하던 순례객이 갈릴리 호수에 도달하여 안내원의 이런 이야기를 듣게 되었습니다. "이 호수를 목선을 타고 건너는데 일인당 30불정도 듭니다. 원하시는 분들은 돈을 내시면 안내해 드리겠습니다." "너무 비싼 것 같습니다. 혹 할인은 되지 않는지요?" "어~허, 여기는 예수님께서 물위를 걸어서 건너가신 그 유명한 갈릴리 호수입니다. 할인은 절대 불가합니다!" 그러자 그 순례 객이 이렇게 투덜거리면서 그 곳을 떠났다는 것입니다. "이렇게 뱃삯이 비싸니 예수님도 물위를 걸어서 건너 가셨구먼!"

교인들도 돈에 대하여는 약한 마음이 일반이라 유명한 스펄전 목사님께서 설교하실 때 교인들 사이에 이런 대화가 있었다는 것입니다. "성도님들, 열심히 일하여 돈을 많이 버시기를 원합니다!" "야, 오늘 목사님 설교가 참 은혜스럽다!" "그 번 돈을 열심히 은행에 저축해야지 생각나는 대로 허비해서는 안 됩니다!" "정말 귀한 말씀을 증거하시네……." "그리고 하나님의 자녀들이여, 제일 중요한 것은 그 돈을 하나님의 교회와 복음사역을 위해 아낌없이 드릴 줄 알아야 합니다!" 그 때 다들 고개를 숙이며 이렇게 쑥덕거렸다고 합니다. "그 좋은 설교를 목사님이 스스로 망치시는구먼…!"

교인들의 대부분은 헌금설교를 제일 싫어합니다. 그런데 헌금설교를 제일로 싫어하는 사람이 있습니다. 그 사람이 바로 접니다. 목사입니다. 얼마나 가슴 떨리고 교인들에게 미안하고 스트레스를 받는지 설교자 자신이 아니고서는 결코 이해할 수 없을 것입니다. 그러나 바울의 말씀처럼 하나님보다 사람을 기쁘게 하는 목회와 설교를 할 수는 없습니다. 하나님은 우리에게 뿌린 대로 거둔다고 말씀하셨습니다. 기도, 찬송, 봉사 및 성경읽기의 씨를 뿌리면 그것에 알맞은 열매가 있듯이 헌금을 드리면 그것에 합당한 열매를 맺게 될 것입니다. 그러므로 기도, 찬송, 봉사 및 성경읽기를 가르치듯이 헌금생활도 마땅히 증거 해야 함이 저의 의무일 따름입니다.

저는 평소 어느 어르신에게 그저 감사한 마음이 있어 때가 되면 작은

정성을 보여 드렸습니다. 물론 아무런 보상을 원하지 않았습니다. 아니, 생각해 보지도 않았습니다. 그런데 제가 힘든 일을 당할 때 그 분은 적극적으로 나서서 저의 방패와 피난처가 되셨습니다. 대자연은 결코 거짓말을 하지 않듯이 뿌린 대로 가둔다는 하나님의 말씀도 현세에서 입증되고 내세에서 완성될 것입니다.

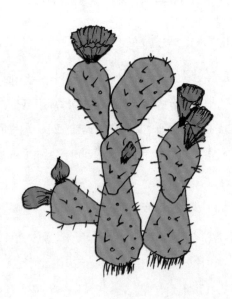

젊은 목회자의 고백

"교인들은 목사가 너무 젊으면 경험이 부족하다 하고, 머리가 희면 너무 늙어서 희망이 없다고 합니다. 자녀가 많으면 무절제하다고 하며, 자녀가 없으면 하나님의 무슨 저주라도 받은 것처럼 생각합니다.

사모가 교회 일에 조금 간섭하면 너무 설친다고 하고, 전혀 간섭하지 않으면 실천이 없고 교회 일에 사랑과 관심이 없다고 합니다. 원고를 보고 설교를 하면 무미건조하다고 하고, 원고 없이 설교를 하면 즉흥적으로 설교하는 목사라고 합니다.

예화를 들어 설교를 하면 성경말씀이 없는 설교라 하며, 예화 없이 설교를 하면 너무 딱딱하고 재미없는 설교를 한다고 합니다. 부잣집에 심방을 가면 가난한 교인들을 무시하는 돈만 아는 목사라 하며, 가난한 교인 집에 심방을 가면 돈 없는 교인들에게 인기를 얻으려 한다고 합니다.

목사가 과감하고 단호하게 교회 일을 처리하면 독재자라고 하고, 조심스럽게 당회원과 제직들의 의견을 존중하여 처리하면 무능자라고 합

니다. 교인들의 잘못을 책망하면 사랑이 없는 냉정한 목사라고 하고, 교인들의 잘못을 지적하지 않고 오래 참으면 타협적이고 정의감이 없는 우유부단한 목사라 합니다.

설교가 좀 길면 내용 없는 장광설이라고 하고, 짧으면 설교 준비도 제대로 하지 않는 게으른 목사라고 합니다. 십일조 설교를 하면 돈만 내라고 하는 목사라 하며, 헌금 설교를 전혀 하지 않으면 교인들의 신앙생활을 지도하지 않는 목사라 합니다. 목사가 좀 잘 살면 어려운 교인들을 이해하지 못하는 목사라 하고, 너무 못 살면 하나님의 축복을 받지 못하는 목사라고 합니다."

이 내용은 외국의 어느 젊은 목사님이 "목회자의 독백"이라는 제목으로 쓰신 글입니다. 물론 목회는 늘 목회자를 향하여 부정적으로 평가하는 사람들 속에서 하는 것입니다. 동시에 말없는 긍정적 다수를 보면서 하는 것입니다. 이 둘을 다 만족시키는 목회는 과연 가능한 일일까요? 그렇지 않을 것입니다. 다만 최선을 다할 뿐입니다. 성령님의 인도와 막아주심을 사모하면서 말입니다.

그러나 최선을 다할 경건 중 마지막 경건은 복음 전달일 것입니다. 목사는 장엄하고 화려한 예식 집례가 주사역이 아닙니다. 말씀선포입니다. 그러므로 입으로 복음을 전하면 교인들의 입까지만 전달될 것입니다. 머리로 복음을 전하면 머리까지만 전해지지만, 사랑으로 복음을 전하면 교인들의 마음까지 전달될 것이 분명합니다. 그리고 그 사랑이 담겨진 선포에 언행일치가 뒷받침되어 준다면 꽤 능력 있는 목회가 될 것입니다.

이런 목회가 쉬운 일이 아니기에 목회를 종합예술이라 하지만 늘 기억하며 낙심하지 말 것은 예수님에게도 제자 12명 중 1명이 너무 그를 힘들게 했다는 사실입니다. 우리 모두 좀 더 여유를 찾고 숨을 돌린 후 다시 복음에 미칩시다!

주교교사와 나이

여자 나이와 공 이야기를 아시는지요?

10대 여자는 축구공과 같습니다. 22명의 남자들이 따라다닙니다.
20대 여자는 농구공과 같습니다. 10명의 남자들이 따라다닙니다.
30대 여자는 골프공과 같습니다. 1명의 남자, 남편만 따라다닙니다.
40대 여자는 탁구공과 같습니다. 따라오기 보다는 서로 떠밉니다.
50대 여자는 피구공과 같습니다. 서로 피하며 맞부딪치지 않으려고
애씁니다.
60대 이상의 여자는 오자미와 같습니다. 공도 아닌 게 공이라고 한답
니다.

농담은 농담일 뿐입니다. 왜냐하면 주일학교 교사들을 보면 대체로
40대부터 60대 여선생님들의 열정이 대단합니다. 그들은 아내, 엄마, 시
어머니 혹은 며느리, 그리고 집사 혹은 권사라는 다양한 직분을 감당하
면서도 교사의 자질 및 학생들의 반응이 좋습니다.

피차 세대 차이를 느낄 수 있는 나이지만 세대 공감을 이루고 있습니다. 그 이유는 나이의 차이가 아니라 사랑의 차이일 뿐입니다. 접속의 차이가 아니라 접촉의 차이일 뿐입니다. 의무감의 차이가 아니라 사명감의 차이일 뿐입니다. 주일학생을 위한 최고의 교재는 교사 자신이라는 신적 강제력을 몸소 느끼는 나이요 연륜이기 때문입니다. 주교교육에서 나이는 숫자에 불과할 뿐입니다.

요새는 '쑥떡교사'들이 많은 것 같습니다. 젊은 교사는 나이든 교사를 향해 그의 가르치는 방법이 어떻다고 쑥떡 쑥떡거립니다. 연세든 교사는 젊은 교사들의 모습을 보면서 그들의 삶이 그렇다며 역시 쑥떡 쑥떡을 잘 만들어 먹고 있습니다. 자기들끼리만 먹으면 그래도 나은데 교사 아닌 교인들과 심지어 주일학교 학부형에게까지 쑥떡을 만들어 먹입니다. 콩가루 집안과 같은 주일학교입니다. 그런 주일학교와 학생들의 미래는 어두울 뿐입니다.

공도 아닌데 자기가 공처럼 행세하는 오자미처럼 하나님께서 보실 때 이제는 교회학교 교사도 아닌 것이 교사처럼 유세를 부린다는 평가를 받지 않기 위해서 한 가지만은 꼭 기억해야 합니다. 그것은 바로 주님께서 자신에게 맡겨진 학생들의 영육과 신앙생활을 위한 사랑의 높이와 깊이 그리고 길이를 냉정하게 자아평가해 보는 것입니다.

사랑은 마음이 아니라 표현이 중요합니다. 사랑하는 마음이 있기에

결혼하는 것은 아닙니다. 그 마음이 표현되고 피차 받아들일 때 결혼의 행복이 오듯이 학생들을 향한 사랑도 표현되어야 하는데 나는 과연 어떤가 하는 것입니다. 학생들을 위한 기도카드가 있는가? 정기적인 기도시간이 있는가? 내게 맡겨진 그 영혼들을 위해 기도하다가 눈물을 흘려 본 적이 언제인가?

혹 전화, 문자, 이메일 혹은 직접 심방을 해 본 적이 언제인가? 특히 우리 반과 교회에서 고치기를 거의 포기한 그 학생의 영혼과 미래의 신앙생활을 위해 자신을 희생한 사랑의 흔적이 있는가, 없는가? 성령 하나님께서 질문하고 계십니다. 아마도 여러 교사들을 바라보시는 하나님께서 이 시간 '객관식'으로 질문하시는 것 같습니다. 이제 두 가지 질문에 보기 3개를 드리면서 선생님들에게 질문하겠습니다. 첫째, "나는 우리 반 학생들의 기도카드와 일정한 기도시간이 있다!" 1. 있다 2. 없다 3. 교회 교사가 무슨 사례비를 받는 것도 아닌데… 대답하기 싫다. 둘째, 지난 한 달 동안 맡겨진 학생들에게 전화, 문자, 이메일 혹은 심방을 해 본적이 있습니까? 1. 있다 2. 없다 3. 이런 질문은 교사의 인권침해이다. 그러므로 국가인권위원회에 저 목사를 고발해야 한다.

성경과 교리에 너무 무지한 교사에게 학생들을 맡기는 것은 마치 각종 농약에 오염된 풀을 양떼들에게 아무 생각도 없이 먹이는 것과 같습니다. 또한 표현된 사랑이요 희생적 사랑이 없는 교사에게 학생들을 맡기는 것은 유괴범에게 어린 자식을 맡기는 것과 같습니다. 미쳐야 합니다. 양떼를 위해 바울처럼 미쳐야 합니다.

그들의 예수 영접과 그리스도의 제자로서의 성장과 양육을 위해 미쳐야 합니다. 미친 교사가 필요한 시대입니다. 미친 세상에 사는 학생들이기 때문입니다. "베스도 각하여 내가 미친 것이 아니요 참되고 온전한 말을 하나이다……당신뿐만 아니라 오늘 내 말을 듣는 모든 사람도 다 이렇게 결박된 것 외에는 나와 같이 되기를 하나님께 원하나이다"(행 26:25, 29). 학생들을 미치도록 사랑한 흔적을 보이는 것이 교사의 사명입니다. 행복입니다. 사랑입니다. 실력입니다.

하얀 거짓말

직업별 거짓말 이야기를 들어 보셨는지요?

옷가게 주인: "세상에, 언니에게 딱이네. 완전 맞춤이네!"
상위 5% 학생: "어떡해? 이번 시험 완전히 망쳤거든."
웨딩촬영사: "제가 본 신부들 중 최고로 예뻐요!"
간호사: "걱정 마세요. 이 주사는 정말 하나도 아프지 않다니까요!"
미스코리아: "그럼요, 저의 장점이 있다면 분명 내적인 미가 아닐까
요?"
수석합격자: "학교 공부에만 충실했고요, 잠도 충분히 잤습니다."
중국집주인: "예, 예, 바로 전에 주문한 음식 갖고 떠났습니다!"
목사님: (설교 때) "이제 마지막으로 한 말씀 간단히 드리겠습니다!"

저의 마지막 멘트를 믿는 사람이 거의 없을 것이라고 제 아내가 이야
기를 합니다. 어렸을 때 각종 음식의 맛은 설탕이 결정한다고 생각했습
니다. 달콤하기가 그 무엇과 비교할 수 없는 설탕이 음식 맛을 결정한다
고 생각했습니다. 그러나 좀 철이 들고 보니 음식의 맛을 좌우하는 것은

설탕이 아니라 소금이라는 것을 알았습니다. 혹 설탕은 없어도 되고 넣지 않아도 되지만 소금은 반드시 넣어야 합니다.

소금이 맛을 내어 많은 사람들에게 기쁨과 건강을 주기 위해서는 최우선 되어야 할 것이 있습니다. 그것은 자기를 녹여야 하는 것입니다. 자기희생과 자아 죽음이 있을 때 그 효과는 지대한 것입니다. 마찬가지로 설교 때 목사님들에게 필요한 것은 말씀을 많이 하는 것이 아닙니다. 알맞게 하는 것입니다. 자기 감정에 취하는 것이 아니라 교인의 감정을 헤아려 볼 줄 알아야 하는 것입니다. 그러기 위해 자신을 설탕 같은 목사님이 아니라 소금 같은 목사님으로 만들어 가는 지혜와 결단이 필요합니다.

삼복더위에 여전히 긴 설교를 손자와 함께 듣던 할머니 권사님이 계셨습니다. 목사님 체면을 생각하며 무거워지는 눈꺼풀을 힘겹게 올려대고 있는데 참다못한 손자 녀석이 이렇게 투덜거리더라는 것입니다. "할머니, 우리 목사님 설교 오늘 안에 끝날 수 있는 거예요?" 그랬더니 손자에게 한 할머니 말씀이 더 걸작이었다고 합니다. "응, 끝나긴 끝나지… 아마도 지금 목사님께서 이 설교를 어떻게 결론을 내려야 할지 몰라 고민 중에 계신 것 같아!"

한 번 잃었거나 떠나버린 회중의 마음을 자신에게 다시 돌리는 것은 마치 난폭하고 큰 수송아지를 다시 울타리 안으로 몰아넣는 것 이상으

로 힘든 일입니다. 멈출 줄 모르는 폭주 기관차 같은 설교를 듣는 것은 성도들에게 엄청난 고통입니다. 어느 교인의 말대로 말입니다. 올바른 표현은 아니지만 말입니다. "내가 그렇게 힘들게 번 돈으로 십일조까지 드렸는데…!"

그러기 위해 목사님의 설교나 선생님의 성경공부 결론은 마지막 부분이 아님을 인정해야 합니다. 도리어 결론 부분은 설교 혹은 성경공부 전체의 요점을 요약하는 것이 되어야 합니다. 그렇다면 2, 3분으로 족합니다. 지나친 것은 좀 모자란 것보다 더 좋지 않습니다.

3

성화

고양이가 성령님을······

미국 교회 중 성령강림주일에 실제로 비둘기를 날리며 설교를 하는 교회가 있다고 합니다. 비둘기는 성령 임재의 상징이기 때문입니다. 그런데 우리나라 어느 교회에서 성령 임재를 사모하며 목회하던 목사님이 계셨습니다. 주일을 준비하던 어느 날 관리집사님에게 본당 천장으로 올라갈 것을 부탁하였습니다.

"집사님, 이번 주일은 성령강림에 대한 설교를 하려고 합니다. 교인들에게 시청각교육을 하기 위해 한 가지 부탁을 드리겠습니다. 주일날 본당 천정에 올라가 계셨다가 제가 성령께서 임재하신다고 크게 말하면 준비된 비둘기를 날려 주시기 바랍니다." 그리고 주일이 되었습니다. 목사님은 말씀을 전하던 중 이 순간 우리에게 성령이 임하고 있다고 소리를 치셨습니다.

그런데 비둘기가 내려오지 않는 것이었습니다. 당황하신 목사님께서 한 번 더 소리를 치셨지만 아무런 응답이 없어 다음 설교 내용으로 들어가려는 순간 천정에서 큰 소리가 들렸습니다. 그리고 모든 교인들이 폭

소를 터트리고 말았다고 합니다. "목사님! 목사님! 제가 잠시 조는 순간 고양이가 성령님을 잡아먹었어요!"

성령님은 그렇게 우리 육신의 눈에 보이는 분이 아니십니다. 그러나 보이지는 않으나 실재하시는 분이십니다. 이 진리를 믿기 어려워 예수님께서는 성령은 마치 바람과 같다고 하셨습니다. 바람은 우리 눈에 보이지 않지만 실제로 존재합니다. 바람을 볼 수 없으나 느낄 수 있듯이 성령의 역사도 느낄 수 있습니다. 또한 바람을 볼 수 없으나 바람 소리는 들을 수 있듯이 성령의 음성도 들을 수 있습니다. 성경과 설교 및 묵상을 통하여 말입니다.

그러나 그런 성령의 임재와 역사를 잘못 알고 있거나 왜곡하는 사람들도 있습니다. 마치 기분이 좋지 않은 상태에서 114에 전화번호 문의를 하였는데 밝은 목소리로 "안녕하세요?"라고 안내원이 인사를 하였습니다. 왠지 더 기분이 나빠져서 "안녕하지 못해요!" 퉁명스럽게 대답하자 안내원이 "예, 안녕 모텔이요? 알았습니다. 안녕 모텔의 전화번호는……" 하듯이 말입니다. 또 "너 축구가 영어로 뭔지 아냐?" 질문하자 "너, 나 무시하니? 영어로 축구는 피파(FIFA) 아냐?!!" 하듯이 말입니다.

그러므로 성령 충만을 배워준다든지 혹은 성령의 역사를 직접 눈으로 볼 수 있다든지 또는 성령 예언을 족집게처럼 해 준다며 교회 밖 어느 곳을 추천하는 분들을 조심해야 합니다. 잘못된 호기심이 평생 잊지 못할 신앙적인 상처와 잘못된 교회생활을 하게 되는 원인이 될 수 있기 때문입니다.

사도 요한은 초대교회 교인들은 성령께서 일곱 초대교회에게 하시는 말씀을 들어야 함을 강조하셨습니다. 즉 지금 다니고 있는 교회의 강대상을 통하여 선포되는 설교 및 성경공부 내용을 통하여 충분히 자신을 향한 성령의 음성을 들을 수 있어야 한다는 말씀입니다.

다만 "귀 있는 자는 들을 지어다!" 말씀하셨듯이 열린 귀, 열린 마음을 가져야 합니다. 즉 옥토와 같은 귀와 마음을 가져야 제대로 성령의 음성을 듣고 그것을 자신의 삶의 이정표로 삼을 수 있습니다. 그런 은총을 매주일 경험하는 체험적인 신앙인들이 되시기를 소망합니다.

교리가 실력입니다

연세 드신 어르신들 중에는 때론 엉뚱한 외국어를 하실 때가 있습니다. 그래서 어느 교회 목사님이 자신이 겪은 이야기를 재미있게 말씀해 주었습니다. "목사님, 제가 요새 며느리 때문에 스레트를 받아요!" 그 권사님 댁에서 무슨 건축을 하는가 생각했는데 아니었어요. 스트레스를 받는다는 것을 그만 그렇게 말씀하셨습니다. "목사님, 오늘 점심메뉴는 콜레라가 없는 것이니 마음껏 드세요!" "왠 콜레라?…" 아니었습니다. 콜레스트롤이 적은 음식이라는 말씀이었죠. 그런 것은 재미있고 애교스럽기도 합니다.

그러나 이런 것은 잘못된 주장이요 때론 고집과 아집일 수 있습니다. 복부인을 복 많이 받은 부인이라고 우기는 사람입니다. 아롱사태를 제2의 IMF사태라고 침을 튀기며 우기는 사람입니다. 몽고반점은 그 누가 뭐래도 중국집 이름이라고 우기는 사람입니다. 자기가 얼마 전 그 몽고반점에서 자장면을 배달해 먹었다는 것입니다.

구제역은 양재역 다음 역이라고 우기는 사람입니다. 광우병은 맥주병

보다 작고 소주병보다는 조금 큰 병이라고 우기는 사람입니다. 그리고 안중근 의사는 자기네 동네 소아과 의사 선생님 이름이라고 우기는 사람은 성령님도 못 말릴 사람입니다. 정신과 치료가 필요한 사람입니다. 대화가 되지 않고 대놓고 화를 내고 싶은 사람입니다.

신앙생활도 마찬가지입니다. 성경과 삶을 자기 멋대로 해석하여 자기에게 적용합니다. 그리고 다른 교인들에게도 그대로 해야 복을 받는다고 강요하기까지 합니다. 또한 교회 밖 성경공부 모임에 자기와 함께 몇 번만 다니면 놀라운 진리와 확신을 얻게 될 것이라고 말합니다. 이럴 때 우리에게 중요한 것은 교리공부입니다.

교리란 기독교 신앙에 대한 올바른 가르침을 뜻하는 것입니다. 교리 영역에는 두 가지가 있습니다. 첫째, 하나님 앞에서의 죄인인 우리들이 어떻게 구원에 이르게 되느냐 하는 것입니다. 둘째, 구원받은 성도가 교회, 가정 및 사회에서 어떻게 살아야 하는가를 가르쳐 주는 것입니다. 이런 교리를 요리(要理)라고 말하기도 합니다.

그래서 초대교회의 지도자인 사도 바울은 디모데에게 "내가 이를 때까지 읽는 것과 권하는 것과 가르치는 것에 착념하라"(딤전4:13)고 권면하였습니다. 그 이유는 요즈음에는 각 교회 내에 이단과 사이비를 추종하는 사람들이 마치 열심 있는 새신자처럼 들어와 성도들의 신앙생활을 혼미케 하는 일들이 많아지고 있기 때문입니다. 우리 교회는 예외일 것

이라고 단정해서는 안 될 것입니다.

　이제는 더욱 성경을 읽어야 합니다. 읽고 배운 말씀대로 권하고 가르치는데 능력을 받아야 합니다. 또한 신앙의 경건서적을 사서 읽는 것도 영적방패가 될 것입니다. 최소 일 년에 2, 3권은 읽어야 합니다. 물론 문제와 잘못된 교리를 증거 하는 책도 있으니 지도교역자나 기독서점의 주인과 상담하면 좋습니다. 그러나 읽고 나면 너무 감사하여 "할렐루야!"를 외치고 싶은 책이 있습니다. 혹은 완독한 후 기도하거나 그 누구를 양육하고 싶은 마음을 주는 책도 있습니다. 노력하여 영적 능력을 키우십시오. 그래서 서울대는 서울에 있는 대학이요, 서울약대는 서울에서 약간 떨어진 대학이요, 서울법대는 서울에서 제법 먼 대학이며, 서울상대는 서울에서 상당히 먼 대학이라는 식으로 우겨대는 사람들을 이겨내고 옳은 믿음의 길로 인도하는 은총의 삶을 사셨으면 합니다.

쿠텐베르크?! 마틴 루터?!

교수님이자 희귀본 수집가가 계셨습니다. 어느 날 한 학생이 그 분의 교수실로 찾아와 과제물을 제출하면서 이런 이야기를 하는 것이었습니다. "교수님, 며칠 전 저의 집 다락방에서 아주 오래된 성경책을 발견하였습니다. 그러나 쓸모없는 것 같아 그냥 버렸습니다. 그런데 궁금한 점이 있는데요, 그 성경을 쿠텐베르크라는 사람이 인쇄했다고 쓰여 있던데 그 양반이 누구에요?"

교수님은 깜짝 놀라고 말았습니다. "이~ 이~ 친구야! 지금 쿠텐베르크라고 했나? 이럴 수가 있나? 자네가 버린 성경책은 지금까지 인쇄된 성경책 중에 가장 비싼 것이란 말이야! 그 성경책은 최근에도 한 권당 400만 달러 이상에 경매되는 책인데 정말 어이없구먼……."

그러자 그 학생은 여전히 이해할 수 없다는 표정으로 이렇게 대답하더라는 것입니다. "그런데 교수님, 그 성경책은 온통 낙서 투성이였는데 그 낙서를 한 사람의 이름이 마틴 루터라고 적혀 있던데요. 그 양반은 또 누구입니까? 어쨌든 그렇게 지저분하고 낙서가 많은 책을 누가 돈을 주고 사겠어요?"

137

지금 성도님의 성경책이 깨끗하다고 믿음과 삶도 정결할까요? 본인만이 알 것입니다. 만일 우리들이 성경의 진정한 가치와 유용성을 모르면 가지고 계신 성경은 깨끗할 수밖에 없을 것입니다. 그러나 참 신앙은 성경책에 '대한' 지식으로 형성되는 것이 아닙니다. 성경내용을 '알고 믿을 때' 만들어집니다.

세상의 모든 책들은 그 책 내용을 이해하고 삶에 잘 적용하면 결국 정복할 수 있습니다. 즉 세상 책들은 독자에게 정복당하고 맙니다. 그러나 성경을 듣고, 읽으며, 믿으면 도리어 성경내용이 그 성도를 정복합니다. 변화시킵니다. 또한 앞으로 살아가야 할 이유를 바꾸어 버립니다. 그리고 그런 삶을 살더라도 결코 후회하지 않게 합니다.

이제 더욱 더 성경에 밑줄 친 곳이 많아지는 은혜를 받아야 할 것입니다. 그리고 밑줄 친 구절들을 유심히 바라보며 문장과 단어의 의미를 살펴보아야 합니다. 그러면 그 글자 너머에 계신 주님을 만나게 될 것입니다. 또한 그 분께서 주시는 말씀에 귀를 기울이게 될 것입니다. 그리고 그 분의 뜻을 이루어드리는 것이 자신이 살아가야 할 이유임을 알게 될 것입니다.

성경을 전혀 읽지 않고 일주일 내내 텔레비전만 보는 여집사님이 계셨습니다. 그의 딸이 목사님에게 엄마의 나쁜 습관을 고쳐 달라며 상담을 하였답니다. 그래서 정말 그 여집사님이 그런 분인가 궁금하여 심방을 가서 이렇게 질문하였답니다. "집사님, 알파벳 'T' 다음은 무엇이지요?" 그러자 그 여집사님, "에이 목사님, 그 정도는 상식이지요! 'T' 다음은 'V' 아닙니까? TV!" 이제 TV를 끄고 성경책을 펴서 읽으시는 경건을 시작하시기 바랍니다.

기다림

노숙자들이 모여 집에서 쫓겨난 이유들을 이야기하고 있었답니다. 30 대 노숙자는 "저는 아내에게 아침밥 해 달라고 하다가 쫓겨났습니다"라고 말하였습니다. 그러자 40대 노숙자가 이렇게 대답하였답니다. "난 아내가 단장하고 나가기에 어디를 가느냐고 물어보았다가 쫓겨났는데 ……."

그 곁에서 이들의 말을 듣던 50대 노숙자는 "난 따라간다고 했다가 그만……" 그 앞에 있던 60대 노숙자 왈, "난 언제 들어올 건지 물어봤다가 쫓겨났네!"라고 하더라는 것입니다. 어린 것들의 애환을 듣고 있던 70대 노숙자는 다들 그래도 이유가 된다는 표정으로 이렇게 말하였다고 합니다. "난, 그냥 아무 말도 하지 않았는데 나가래!"

반대로 아내들은 남편의 언행에 따라 감정이 좌우됩니다. 그리고 그때그때마다 부르는 찬송이 다르다고 합니다. 남편 때문에 기분이 상승되는 날에는 "주를 앙모하는 자 올라가 올라가 독수리 같이" 신이나 찬양합니다. 남편의 언행 때문에 남편을 향한 마음이 점점 멀어지면 "멀리 멀리 갔더니 처량하고 곤하여"를 부른답니다. 그러다 주일설교를 통하여 이러면 안 되지 하며 부르는 찬송은 "나 주를 멀리 떠났다 이제 옵니다"라고 합니다.

지금 시대를 '나우 세대'(Now Generation)라고 합니다. 즉 우리에게는 전자레인지의 사고방식이 이미 정착되었습니다. 우리가 하고자 원하는 것은 몇 십초 내에 갖고자 하는 시대입니다. 인스턴트 커피, 즉석 밥, 각종 패스트푸드 등은 무엇인가를 인내로 기다리는 것을 싫어하는 나우 세대의 상징입니다. 물건 뿐 아니라 부부사이도 마찬가지입니다. 좀 덮어줌과 기다림의 시간이 필요하건만 기분대로 즉시 말합니다. 감정대로 즉시 행합니다.

그 결과 세계 약 200여 나라 중에서 이혼율이 1, 2위를 다투는 부끄러운 명예를 얻고 말았습니다. 문제는 이 나우 세대의 흐름이 우리 기독교 가정에도 깊숙이 들어오고 있다는 것입니다. 그러나 지금 우리들이 기억해야 할 것이 있습니다. 하나님 아버지께서는 우리를 자녀로 택하신 후 결코 버리지 않으신다는 것입니다. 예수님의 대속의 죽임 당하심으로 우리의 영육은 사망에서 영생으로 옮겨졌습니다. 우리들의 호적이 이미 지옥에서 천국으로 옮겨졌습니다. 이제는 지옥 가려고 기를 쓰고 떼를 써도 결코 갈 수 없습니다.

물론 그럼에도 불구하고 우리들이 아버지 하나님의 뜻대로 살지 않고 심지어 고의로 그 분이 원치 않는 반대 방향으로 신앙과 삶으로 달려갈

때도 있습니다. 그러나 하나님은 결코 우리를 버리시지 않습니다. 다시 돌아올 때까지 기다리시는 하나님이십니다. 인내로 기다리십니다. 그래도 안 돌아오겠다면 때론 때려서라도 돌아오게 하십니다.

그러므로 우리들이 결단해야 할 경건은 기다림입니다. 대부분의 부부 및 가정의 아픔은 기다림보다 자신이 무엇을 해 보려고 하다가 더 증폭되기 때문입니다. 우리 모두 이런 기도를 드리는 오늘이 되었으면 합니다. "하나님, 제가 변화시킬 수 없는 일들에 대하여 이제는 받아들일 수 있는 마음을 주옵소서! 하나님, 제가 변화시킬 수 있다고 생각하는 일에 대하여서도 조금은 더 인내할 수 있도록 도와주옵소서! 그리고 이 둘의 차이를 잘 분별할 수 있는 지혜를 허락하여 주옵소서!"

기도할 수 있는데 왜 염려하십니까?

목양의 큰 꿈을 안고 어느 젊은 목사님께서 개척교회를 시작하였습니다. 상가에서 설립예배를 드렸는데 얼마 지난 후 10여명이 모이는 감격을 누리게 되었습니다. 그런데 호사다마(好事多魔)라 그 상가 1층 입구에 술집이 개업을 하였습니다. 술집 아가씨들이 교회로 올라오고자 엘리베이터에서 대기하고 있는 남자성도님들에게 호객행위를 하는 것이었습니다.

"오빠, 잘해 줄께, 들어와!" 심지어 그 젊은 목사님에게도 "목사 오빠, 교회만 가지 말고 이곳도 좋으니 일단 들어와 봐!"하는 것이었습니다. 할 수 없이 온 교인들이 하나님께 밤낮으로 통성기도를 드렸습니다. "주여! 저 술집을 직접 처리해 주옵소서!" 그리고 얼마 지난 후 그 술집이 불이나 다 타버리고 말았습니다.

교인들은 기도응답에 감사를 드렸으나 술집 주인이 목사와 교인들이 자기 술집이 망하도록 기도한 사실을 알게 되었습니다. 결국 법에 고소하였고 법정에 술집 주인과 목사님이 나란히 서게 되었습니다. "재판장

님, 저 목사 교인들이 지독하게 기도해서 우리 술집에 불이 났으니 손해 보상을 청구하는 것이 마땅하지 않습니까?"라고 주인이 하소연하자 목사님께서 이렇게 대답하셨다는 것입니다. "재판장님, 한 번 생각해 보세요. 술집이 망할 때가 되어 불이 났지 설마 하나님께 기도했다고 불이 났겠습니까?"

성도님이 생각해 볼 때 그 술집 주인의 믿음이 더 좋습니까? 아니면 목사님이겠습니까? 당연히 술집 주인일 것입니다. 그저 유머일 뿐입니다. 그러나 우리들에게 더욱 필요한 것은 기도응답에 대한 절대적 믿음인 것입니다. 예수님의 이름과 보혈의 권세를 의지하여 드린 기도는 반드시 응답된다는 믿음이 필요합니다.

성도님은 기도하는 믿음대로 될 것이라는 신앙입니까? 아니면 믿는 도끼에 발등 찍힌다고 빈정대는 신앙입니까? 기도하면 혈루증 여인처럼 즉각 응답되는 은혜가 있습니다. 갈멜산의 엘리야처럼 몇 번 작정기도 후 응답되는 기도도 있습니다. 한나처럼 일 년 혹은 몇 년이 지나응답되는 기도제목도 있습니다. 애굽의 종살이 하던 선민의 기도가 몇대를 지난 후 후손에게 응답되기도 하였습니다.

또한 바울의 마게도니아 환상처럼 수정되어 응답되는 기도도 있습니다. 또는 바울의 자신의 질병을 위한 치유 기도처럼 응답되지 않는 것이 결국 응답인 기도제목도 있습니다. 그렇습니다. 결과는 오직 하나님께

맡기고 우리는 기도할 따름입니다. 기도는 신학이 아닙니다. 실천입니다. 기도는 이론이 아닙니다. 행함입니다. 기도는 어떤 것이 아닙니다. 성도의 모든 것입니다.

기도하지 않고 잘 되는 삶은 도리어 불행이요 때론 저주일 수 있습니다. 그러나 기도하면서 당하는 고난과 아픔은 도리어 자신에게 능력이 되며 전화위복의 체험과 간증을 얻게 될 것입니다. "기도할 수 있는데 왜 염려하십니까? 기도하면서 왜 방황하십니까?"

나비가 벗어버리고 나온 번데기처럼……

연세가 많으신 세 분의 남자 집사님들께서 주일식사 후 이런 이야기를 나누고 계셨습니다. 대화의 내용은 6·25사변 전투 참전 무용담이었습니다. 먼저 이집사님이 "나는 백마고지 전투에서 눈에 총알이 박히는 중상을 입었었네. 그런데 군의관께서 급히 방금 전사한 전우의 눈을 빼내어 내 눈에 집어 넣었는데 아니, 그게 아직도 이렇게 멀쩡하게 잘 보이는 것 아닌가?"라며 자랑하였습니다.

그러자 옆에 있던 김집사님은 이렇게 이야기 하셨습니다. "글쎄 나는 인천상륙작전에 참전했었는데 그만 양 다리에 총알이 관통하고 말았네. 그 때 미군 군의관이 금방 전사한 동료의 다리를 내게 붙여 주었는데 그것이 지금도 이렇게 든든하게 나를 지탱해 주고 있으니 그저 감사할 따름이야!" 그런데 곁에 있는 박집사님은 아무 말 없이 빙그레 웃으며 자신들의 이야기를 듣고 있음이 궁금하여 김집사님이 "박집사, 자네 군대생활은 어떠했나?" 질문하였습니다.

그러자 말씀이 없던 박집사님이 모두 가소롭다는 표정으로 이렇게 대답하셨다고 합니다. "난 별로 자랑할 것이 없네. 그러나 한 가지 있다면 나는 철원전투에서 적군의 수많은 총알에 맞아 이미 전사하였거든. 그런데 이렇게 다시 부활하여 자네들과 같이 이야기하고 있다는 것이 감사한 일이지…!"

강태공이 잡다가 놓친 고기의 크기를 이야기해도 믿는 사람 거의 없듯이 이런 대화를 믿는 분들도 아주 없을 것입니다. 그 이유는 사람이 절대로 할 수 없는 일은 바로 죽었다가 다시 살아나는 것이기 때문입니다. 그러나 이 불가능한 사실을 실제로 이루시고 홀로 죽음의 권세를 이기신 분이 계시니 바로 예수 그리스도입니다. 예수님은 훌륭한 성인 중에 한 분이 아니라 죽음까지 다스리신 구주이시며 하나님이십니다.

예수님은 마치 나비가 벗어 버리고 나온 번데기와 같이 수의를 벗으시고 무덤에서 나오셔서 부활하셨습니다. 부활은 신화가 아니라 시간과 공간 속에서 이루어진 역사적인 사실입니다. 시간은 주후 33년 유월절 바로 다음의 안식 후 첫날이었습니다. 그리고 공간은 아리마대 요셉 소유의 무덤이었습니다. 주님 부활의 최초 증인이 되었던 막달라 마리아는 그 때부터 삶과 신앙이 전면적으로 바뀌게 되었습니다. 슬픔과 고통의 삶에서 확신과 소망이 충만한 삶으로 변화되었습니다. 죽음을 두려워하지 않고 복음을 전하며 파수하는 삶으로 전환되었습니다.

마리아 뿐 아니라 예수님의 무덤이 갈라지고 열리므로 장차 우리들의

죽음과 무덤도 그렇게 될 것입니다. 즉 우리도 예수님처럼 죽음을 이기고 부활 승천하여 하나님 나라에서 영원한 생명을 얻게 될 것입니다. 죽음이 최종적 저주가 아니라 영원한 행복의 관문이 되는 은총을 얻게 된 것입니다. 동시에 이 세상 살아가면서 부활하신 예수님의 영과 함께 아름다운 동행을 하다가 천국에서 영원한 동행을 하게 될 것입니다.

물론 우리는 막달라 마리아처럼 자신의 눈으로 부활의 주님을 만날수는 없습니다. 그러나 성령과 말씀을 통하여 예수님을 만나고, 환영하며, 영접하며, 그 분과 일평생 동행하는 영성 있는 삶이 가능합니다. 할렐루야!

내 기도하는 그 시간……

　제가 잘 알고 지내는 장로님의 형님 이야기입니다. 기독교 계통 단체 회장직을 감당하던 형님이셨으나 교회생활은 거의 안하시던 어느 날이 었습니다. 교회 연합행사에 지역 기관장으로 참석하여 기도를 하게 되었습니다. 철저히 기도내용을 준비하였기에 그런대로 잘 하셨는데 그만 끝마무리에 당황하고 말았습니다. 그래서 대강 이렇게 마쳤다고 합니다. "간단하나마 이것으로 가름하겠습니다!"

　실제로 어느 분은 자기 나름대로 기도를 마쳤는데도 교인들이 너무 조용히 고개를 숙이고 있더라는 것입니다. 이유는 "예수님의 이름으로 기도드립니다!"를 하지 않았기 때문입니다. 순간 당황한 그 분께서 큰 소리로 이렇게 외쳤다고 합니다. "기도 ~ 끝!" 물론 축도 때 "~머리 위에 임할지어다."가 생각나지 않아 당황하다가 "해골위에 임할지어다." 하신 어느 목사님보다는 낫지만 말입니다.

　기도하지 않는 교인은 마치 예쁜 옷을 입고 엄마 품에 안겨 있으나

149

숨은 쉬지 않는 아기와 같습니다. 결코 엄마의 기쁨이 되지 못하는 아기입니다. 물론 본인도 생명력이 없는 시신에 불과합니다. 피차에게 아픔과 고통이 되는 사이입니다. 그러므로 기도는 성도의 생명력입니다. 기도하면 신앙의 호흡이 회복됩니다. 살아 있는 신앙인이 될 것입니다.

그런데 기도의 수준이 거의 교회생활을 하지 않는 사람과 같은 교인들도 있습니다. 그래서 각종 모임에서 대표기도를 하는 것을 죽음의 그림자를 보는 것만큼 두려워하는 교인이 되고 말았습니다. 물론 선천적으로 대중 앞에서의 울렁증이 있는 분은 제외하고 말입니다.

신앙생활은 열정과 함께 무르익어야 합니다. 마치 삭개오가 예수님의 얼굴만이라도 뵙겠다는 열정으로 큰 나무에 기어 올라가듯이 말입니다. 식민지 통치를 받던 시대에 명예와 돈, 그리고 세리장이라는 높은 지위를 오직 열정으로 얻었던 그가 그 열정으로 이제는 주님의 얼굴 뵙기를 원하였습니다. 그 열정이 예수님의 얼굴 뿐 아니라 그 분의 관심과 음성을 얻게 되었고 드디어 자기 집에 주님이 들어오시는 복까지 받지 않았습니까?

제대로 기도해 보겠다는 열정만 있어도 주님은 기뻐하십니다. 기도하는 장소와 모임에 가겠다는 마음만 있어도 예수님은 성도님에게 관심과 음성을 주실 것입니다. 결단하여 기도회에 참석하면 그 분께서 더욱 기뻐하실 것입니다. 기도하면 좋다는 말들은 교회 내에 많습니다. 그러나 실제로 기도하는 분들은 점점 적어집니다. 그 결과 교회와 성도들에게 비극의 서막이 열리고 있습니다. 더 이상 신앙이 변질되기 전에 경건생활에 변화가 있어야 합니다. 그것은 오직 실천적인 기도생활로서 가능합니다. 기도 외에는 변화의 능력을 받을 길이 없기 때문입니다.

기도의 계절입니다. 피하지 마세요! 동참하세요! 체험하세요! 그리고 기도하게 하시는 하나님께 영광을 돌리세요! 앞으로 "내 기도하는 그 시간 그 때가 가장 귀하다!"라고 찬양 및 고백하며 때론 대표기도도 기다려지는 은총이 계시기를 소망합니다.

냉탕과 온탕을 번갈아 가듯이……

　기독교인은 실력과 인품의 두 수레바퀴가 잘 굴러가야 선한 영향을 끼칠 수 있습니다. 만일 어느 교인이 '부전자전'을 '아버지가 전 씨면 아들도 전씨'라고 주장한다는 실력이 없는 사람일 것입니다. '아편전쟁'은 '아내와 남편의 부부싸움', '임전무퇴'를 '임신부 앞에서는 침을 뱉지 않는다.' '원앙부부'를 '원한과 앙심을 품은 부부' '죽마고우'를 '죽치고 마주앉아 고스톱 치는 친구', '구사일생'을 '구차하게 사는 한 평생'이라고 우겨댄다면 바닥이 보이는 사람이 되고 말 것입니다.

　사람이 어느 분야에 소속되어 살아가느냐가 문제가 아닙니다. 그 분야에서 실력이 있는 사람으로 인정받느냐가 중요한 것입니다. 세상은 생존경쟁을 지나 이제는 생존전쟁을 치르는 시대이기 때문입니다. 기도로 구했으면 찾고 두드려 실력을 키우는 십자가의 정병이 되어야 합니다. 그러나 실력과 함께 성품은 같이 가며 같이 닮아가야 할 쌍둥이입니다. 성품이 따르지 않으면 그 실력은 결국 많은 사람들 앞에서 오만과 무례함으로 보일 뿐입니다.

성품이 따르지 아니하는 실력에는 찬바람이 붑니다. 주위에 있는 사람들에게 추위를 느끼게 하며 결국 자기 곁을 떠나 따뜻한 사람에게 몰려가는 것을 보게 될 것입니다. 진지함보다 유쾌함이 좋은 성품입니다. 갈고리 성품보다 솥뚜껑 성품이 더 좋은 것입니다. 시냇물은 흐르다 돌을 만나면 멈추지 않고 잠시 돌아가며 계속 흐르지 않습니까? 자기 삶의 목표를 향해 끊임없이 실력을 키워나가야 할 것이나 동시에 사람들과 너무 부딪치거나 좌절하지 말고 현실과 그 사람을 수용할 줄 알아야 합니다.

어느 형제의 이름이 '하철'이요 성은 '지'씨였습니다. '지하철' 씨였습니다. 그런데 어느 날 자매와 선을 보게 되었습니다. 만나는 순간 너무 마음에 들었습니다. 벅찬 가슴으로 자기를 소개하였습니다. "처음 뵙겠습니다. 제 이름은 지하철입니다!" 그녀는 놀랍기도 하며 우습기도 하다는 미소를 띠면서 이렇게 자기를 소개하였다고 합니다. "그래요? 실은 제 이름은 이호선인데요……."

천생연분입니다. 찰떡궁합입니다. 아니 하나님의 섭리입니다. 마찬가지로 실력과 성품이 그러해야 합니다. 그래서 예수님도 우리에게 은혜와 진리를 품어야 한다고 말씀하셨습니다. 진리만 있으면 율법주의자가 될 것입니다. 모든 것을 잘 아는데 사랑과 관용이 없는 교인이 될 것입니다. 반대로 은혜만 강조하면 방종주의자가 될 것입니다. 그 결과 착하다는 말은 듣는데 원칙이 없다는 말을 듣는 교인이 될 것입니다.

냉탕과 온탕을 번갈아 가며 목욕하는 것이 건강에 좋다고 합니다. 성령님께서 성도님과 지금도 임마누엘 함께하십니다. 그 성령님께서 자신을 인도하시며 통제해 주셔서 실력과 성품을 겸비하는 삶을 살게 되도록 기도하며 실천하는 믿음생활이 되었으면 합니다. 냉정과 열정을 겸비한 삶이 되기를 소망하면 성령께서 좋은 결과를 주실 것입니다. 그래서 지난날은 가족과 교인들에게 가까이 하기에는 너무 먼 당신이었는데 앞으로는 주위사람들이 가까이 대하고 싶으며 가까이 온 그들에게 시원한 그늘이 되어 주는 삶을 살아가시기를 소망합니다.

너무 값싼 진리가 아닌가?

평소에 원수지간이든 고양이와 쥐가 막다른 골목에서 만났습니다. "오늘이 바로 너의 제삿날이야!" 고양이가 만족한 미소로 말하자 쥐가 단호한 표정으로 대답하였습니다. "너는 절대로 나를 잡아먹지 못해. 절대로!" "이유를 말해봐, 이 생쥐야!" "나 쥐약 먹었거든. 어쩔래?" 그러자 고양이는 자신만만한 태도로 쥐 앞으로 다가서며 이렇게 대답하였다고 합니다. "걱정도 팔자네… 나 보험 들었거든!"

묻지도 말고 따지지도 말고 보험을 들라고 합니다. 보험을 들면 그 고양이처럼 마음이 담대해지며 행동에 자신감이 생기는 모양입니다. 그런데 보험 중에 최고의 보험이 있습니다. 그것은 바로 영생보험입니다. 일반 모든 보험의 내용은 "~하면 우리 회사가 반드시 ~해 준다"는 식입니다. 그러나 영생보험만큼은 그렇지 않습니다. "~믿으면 하나님께서 ~주신다"입니다. 즉 예수님을 믿으면 하나님께서 영생을 보장해 주십니다. 내 공로와 고행의 결과가 아니라 믿음으로 의롭게 되며 믿음으로 영생을 얻는 것입니다.

좀 쉬어 가기 위해 퀴즈를 내봅니다. 혹 개미네 집 주소를 아십니까? '허리도 가늘군. 만지면 부러지리'입니다. 고기 먹을 때마다 따라 오는 개를 아십니까? 이쑤시개입니다. 오리지날의 뒤집어지는 해석이 무엇인지 아십니까? '오리도 지랄하면 날 수 있다.'

마찬가지로 우리가 무엇을 얼마나 더해야 영생을 얻을 수 있겠습니까? 영생에 도달할 수 있는 선행과 고행의 양과 질은 얼마나 커야 합니까? 그 기간은 얼마나 길어야 합니까? 그 질은 얼마나 진해야 합니까? 그리고 합격 혹은 통과 심사는 누가 하는 것입니까? 하나님께서 누구에게 그런 자격을 부여하셨습니까? 도대체 해답이 나오지 않습니다. 아니, 나올 수 없습니다.

그러므로 영생에 들어가는 조건은 절대로 인간에게서 나올 수 없습니다. 오직 예수님을 구주로 믿는 자만이 영생을 얻을 수 있습니다. "내 아버지의 뜻은 아들을 보고 믿는 자마다 영생을 얻는 이것이니 마지막 날에 내가 이를 다시 살리리라 하시니라"(요 6:40). 예수님만이 우리들이 죄 용서 받음과 영생을 얻게 되는 최초요 최후의 비결이요, 유일한 통로입니다. 그럼 믿기만 하면? 너무 값싼 진리가 아닌가?

노랫가락이 구성진 동네는 가락동이랍니다. 황소 타고 피리부는 동네는 목동이라고 합니다. 못 배워도 서럽지 않는 동네는 무학동이라고 하네요. 그런데 아무리 비싸도 1원이면 무엇이든지 살 수 있는 동네가 있다고 합니다. 그 곳이 바로 일원동이듯이 믿음으로 구원을 얻고 영생에 이른다는 진리가 너무 값싸다고 말하는 분들이 있습니다. 그러나 결코 잊지 말아야 할 것이 있습니다.

그것은 어떤 선행과 고행 및 돈으로도 계산할 수 없는 엄청난 대가를 예수님께서 십자가의 죽임 당함으로 친히 치루셨습니다. 즉 어떤 돈으로도 계산 할 수 없고, 혹 해도 불경인 값비싼 진리가 바로 믿음으로 구원에 이르는 진리입니다. 하나님의 아들께서 생각과 언행이 벌레만도 못한 우리를 위해 대신 죽임을 당하심의 값을 한 번쯤 헤아려 보는 묵상의 시간이 필요한 시대입니다. 그리고 그런 주님을 위해 나는 무엇을 해야 할 것인가를 결단하는 행함이 있는 신앙인으로 성화돼야 할 것입니다.

네가 어디로 가든지……

세계2차대전 말에 한 중위가 2개월의 재교육 소집을 통보받자 이렇게 전보를 보냈습니다. "소집에 응할 수 없는 것이 유감입니다. 그 이유는 누가복음4장20절을 참조하십시오." 육군성의 장교가 그 성경 구절을 찾아보니 "나는 장가 들었으니 그러므로 가지 못하겠노라"고 써 있는 것이 아닙니까?

회의 끝에 육군성에서도 그 중위에게 전보로 회신하였는데 그 내용은 "귀하의 전문에 대하여 우리는 마태복음8장9절로 회신하니 참조하기 바람"이었습니다. 그 성경구절은 "나도 남의 수하에 있는 사람이요 내 아래에도 군사가 있으니 이더러 가라 하면 가고 저더러 오라 하면 오고 내 종더러 이것을 하라 하면 하나이다"였습니다. 그 중위는 가벼운 마음으로 성경을 찾았으나 그 구절을 보고 쓴웃음을 지으며 교육에 참석하였다는 것입니다.

귀에 걸면 귀걸이 혹은 코에 걸면 코걸이가 되듯이 성경을 자기 유리한 대로 해석하는 교인들이 있습니다. 만일 다음의 예수님의 말씀을 문자적으로 해석하면 거의 이단적인 행동을 해야 할 말씀들이 있습니다. "나는 평화를 주려 함이 아니요 검을 주러 왔노라", "나는 땅에 불을 던지러 왔노라", "내가 온 것은 사람이 그 아내와 불화하게 하려 함이라" 등을 문자적으로 해석하면 되겠습니까? 절대 안 됩니다.

또한 자기의 주장을 정당화하기 위해 특정 교리를 악용하여 예언처럼 말하는 교인들도 문제입니다. 어느 가정의 부부가 한 치의 양보도 없이 자기주장을 꺾지 않고 있었습니다. 내용인즉 남편은 지난 주간에 돌아가신 드문드문 교회를 나오던 교인이 천국에 갔을 것이라고 주장하였습니다. 그러나 부인은 아니라고 우겨대는 것이었습니다. 그러자 아내가 만일 당신이 천국에 갔을 때 그 교인이 없으면 어떻게 하겠냐며 쏘아 댔습니다. 그러자 그 남편이 아내에게 하는 말, "그 때는 당신이 그 곳에서 직접 물어봐!" 그 곳이 어딜까요? 지옥입니다.

그러나 어떤 경우에도 결코 틀리지 않는 성경해석과 교리가 있습니다. 그것은 하나님께서 여전히 우리와 함께 하신다는 것입니다. 하나님께서 모세에게 주셨던 말씀을 지금도 우리에게 하십니다. "여호와께서 이르시되 내가 친히 가리라 내가 너를 쉬게 하리라"(출33:14). 하나님께서 야곱에게 주셨던 말씀을 지금도 우리 한 사람 한 사람에게 들려주십니다. "내가 너와 함께 있어 네가 어디로 가든지 너를 지키며"(창28:15).

또한 하나님께서 여호수아에게 하셨던 말씀을 여전히 우리에게 하십

니다. "내가 모세와 함께 있었던 것 같이 너와 함께 있을 것임이니라 내가 너를 떠나지 아니하며 버리지 아니하리니"(수1:5). 그래서 성도님들도 사도 바울이 하셨던 고백을 넉넉히 할 수 있도록 동행하시는 하나님이십니다. "내가 속한 바 곧 내가 섬기는 하나님의 사자가 어제 밤에 내 곁에 서서 말하되 바울아 두려워하지 말라"(행27:23~24상).

십자가는 하나님께서 성도들의 가치를 예수님만큼 귀하게 여긴다는 확실한 증표입니다. 하나님은 배꼽티를 좋아하신다는 유머가 있습니다. 우리들의 중심을 보신다는 말입니다. 그러나 우리들의 중심에는 더러움과 추함으로 가득 찼습니다. 그래서 하나님께서는 예수님을 통하여 우리들의 모든 죄를 사하시며 우리들의 앞길을 구석구석 밝히시고 모든 풍랑에서 보호해 주시는 닻으로 임재하십니다. 그 하나님을 신뢰하고 의지하는 자는 복이 있을 것입니다.

떠나라! 돌아보지 말라!

우리에겐 쓸데없는 질투심이 있습니다. 애완견을 키우는 두 여자가 자신의 개가 더 똑똑하다고 하는 말을 들어보세요. "우리 개는 아침신문이 오면 그것을 물어 안방까지 가져오거든!" "응, 이미 다 알고 있어." "네가 우리 개가 그렇게 하는 것을 어떻게 알아? 봤어?" "응, 어제 우리집 개가 그렇게 한다고 내게 이야기 해 주던데!"

또 우리에게 극단의 이기주의적 행동이 있습니다. 해외 원정 등산을 하던 두 친구가 있었는데 그만 산에서 큰 곰을 만나고 말았습니다. 순간 한 친구가 재빨리 등산화를 벗더니 운동화를 신는 것이 아닙니까? 다른 친구가 이상하여 "야, 너 지금 뭐하는 거야? 그렇게 운동화를 신는다고 저 곰이 우리를 따라오지 못하는 것이 아니잖아?" 그러자 친구 녀석이 운동화 끈도 다 매지 못한 채 달리기를 시작하며 이렇게 말하더라는 것입니다. "그런 것은 생각할 필요도 없어! 좌우간 내가 자네보다 빨리 뛰어 도망가면 되는 거야!"

또한 우리에게 다른 사람을 고의 혹은 무의식 중에 괴롭히는 습관이

있습니다. 중국집에 전화를 걸어 "거기 중국집 맞죠?" "네! 무엇을 주문 하겠습니까?" "에이, 거짓말하지 말아요. 우리나라 안에 있는데 어찌 중 국집이에요? 한국집이지……."

특히 다른 사람에 대한 기본예의 조차 없는 교인들도 있습니다. 어느 거지가 깡통을 너무 요란하게 차고 지나가기에 경찰이 말렸습니다. "이 골목에는 많은 주민들이 살고 있는데 그렇게 요란하게 깡통을 차고 가 면 어떡합니까? 서로 배려하며 살아야죠." 그랬더니 이 거지 한 번 더 힘껏 깡통을 차면서 이렇게 대답하더라는 것입니다. "경찰 나으리, 저 지금 이사하고 있는 중인데요. 뭐 잘못된 것 있나요?"

특히 지나친 염려를 하는 이들도 있습니다. 아가씨들은 군인들을 보 면 군대 간 남자친구가 생각나며 어머니들은 아들 얼굴이 떠오릅니다. 그러나 염려 덩어리 아저씨는 이렇게 투덜거립니다. "정말 우리나라가 걱정 되고 불안해서 빨리 이민가고만 싶어요. 저렇게 새파랗게 어린 것 들이 나라를 지키고 있으니 말이에요!"

현대교회는 과거와 달리 예수님을 찾는 사람은 많으나 주님처럼 살아 가려는 사람은 점점 적어지는 것이 현실입니다. 그래서 불신자들의 입에 서 천국가면 교회 다니는 것들의 입만 둥둥 떠다닐 것이라며 비아냥거 립니다. 교회를 향한 비판을 위한 비판이요 비판 전문가들의 이야기라고 치부할 수도 있습니다. 그러나 그런 평가를 듣게 된 상당 부분은 자업자

득이라고 할 수 있습니다.

그러므로 지금 우리 성도들에게 필요한 것은 예수님을 닮아가고자 하는 결단과 변화, 그리고 열매입니다. 예수님께서 우리에게 몸소 보여 주신 경건은 성육신과 십자가입니다. 즉 이해와 섬김입니다. 상대방의 입장에서 생각하며 자신을 희생하는 삶입니다. 그 삶을 닮아가기 위해 지금 그 미움과 질투, 이기주의적 판단, 그리고 언행으로 타인을 괴롭히며 하나님의 자녀로서의 기본적인 예의도 지키지 못하는 삶에서 떠나야 합니다.

동시에 뒤돌아보지 말아야 합니다. 롯의 아내는 머뭇머뭇 거리며 떠나지 못하다가 뒤돌아 보므로 소금기둥이 되었습니다. 그러나 아브라함은 과감히 본토를 떠나 하나님께서 지시하는 땅으로 갔습니다. 절대 뒤돌아보지 않았습니다. 그 결과는 모든 사람들의 복의 근원이 되는 삶을 살게 되었습니다. 혹 지금 성도님이 떠나야 할 것은 무엇입니까? 뒤돌아보지 말아야 할 것은 무엇입니까?

마음의 천국을 회복하라!

탈무드에 나오는 이야기입니다.

어떤 제자가 랍비에게 와서 "랍비여! 제 아내가 중병이 걸려 있으니 기도해 주세요!"라고 강청하였습니다. 랍비는 "그래, 내가 기도할 것이니 안심하고 돌아가게!" 대답하였습니다. 그런데 며칠 후 그 제자가 와서 가슴을 치며 통곡을 하였습니다.

"랍비 선생님! 제 아내가 죽었습니다. 어떻게 된 것입니까?" "그럴 리가 없는데? 내가 분명 직접 죽음의 천사의 손에서 칼을 빼앗아 버렸는데 말이야!" 제자의 귀에 그 분의 그 말씀이 제대로 들리겠습니까? "좌우간 랍비님, 제 아내가 죽었단 말입니다!" 그 때 랍비가 이렇게 말하였다고 합니다. "그렇다면 죽음의 천사가 자네 아내를 맨 손으로 목 졸라 죽였음이 틀림없구만……!"

먹으면 죽을 것이 확실한데 그럼에도 불구하고 안 먹을 수 없는 것이 있습니다. 무엇일까요? 나이입니다. 그리고 죽음입니다. 나이와 죽음은 사랑하는 이들을 떠나게 합니다. 그러나 죽음은 마치 항해 중이던 선박이 기름을 보충하기 위해 잠시 어느 항구에 머무는 것과 같습니다. 주유가 완료되면 다시 떠나 최종 목적지로 가듯이 죽음은 천국 가는 관문입니다.

그래서 경건한 D. L. 무디는 자신의 죽음 앞에서 이런 고백을 하였습니다. "죽음이 다가오니 이 땅이 점점 멀어져 간다. 그러나 천국이 더욱 가까워지고 있으니 이렇게 행복할 수 있을까? 이렇게 좋은 것이 천국 가는 길이라면 나는 날마다 죽었을 것이다!" 물론 자살을 권장하는 말씀은 아닙니다. 자살은 하나님께서 주신 생명, 하나님만 다스릴 수 있는 생명을 자신이 마음대로 처리하는 것이니 올바른 죽음은 아닙니다.

그럼에도 불구하고 우리가 가져야 할 신앙은 바로 죽음을 대비하는 것입니다. 첫째는 예수 그리스도를 영접하는 것입니다. 그 분이 바로 영생의 길이요 진리요 생명이기 때문입니다. 둘째, 하나님의 사역에 동참하는 것입니다. 의의 면류관, 생명의 면류관을 얻기 때문입니다. 셋째, 하나님 자녀답게 살아가는 것입니다. 그 결과 우리의 삶을 통하여 하나님과 교회가 선하게 반사되어야 합니다. 우리는 어두움 속의 빛이요 썩어진 곳에 소금으로 이 세상을 살아가야 할 의무와 특권이 있기 때문입니다. 그 사명 때문에 죽으려고 해도 죽을 수 없는 것이 성도입니다.

또한 '아직' 다가오지 않은 천국을 소망하는 성도에게는 '이미' 이루어

진 천국이 있습니다. 즉 주님을 모셨기에 만들어진 마음의 천국입니다. "예루살렘 거리에서 즐거워하는 소리, 기뻐하는 소리, 신랑의 소리, 신부의 소리와 및 만군의 여호와께 감사하라 여호와는 선하시니 그 인자하심이 영원하다 하는 소리와 여호와의 집에 감사제를 드리는 자들의 소리가 다시 들리리니"(렘33:10-11).

"소리"라는 단어가 6번이나 기록되었습니다. 무슨 소리입니까? 관계회복의 소리입니다. 하나님과의 관계, 그리고 인간 서로간의 관계회복 및 자신과의 관계 회복의 소리가 다시 들려야 합니다. 그런 관계회복은 임마누엘 예수님을 모신 마음에서 시작되어 입술과 삶의 찬양과 감사로 이어질 것입니다. 이럴 때 자살할 일도 물러가고 주님 일하다가 복을 받고 들림 받는 축복으로 이어질 것입니다.

····· 목매어 죽은지라!

어느 분이 하나님의 음성을 듣고 싶었다고 합니다. 성경이 우리를 향한 하나님의 말씀이라는 것을 알게 된 직후 자신의 성경책을 펼쳤습니다. 그리고 이렇게 묵상기도 하였습니다. "하나님, 제가 지금 성경을 펼친 것 보시고 계시죠?" 이렇게 기도한 후 눈을 뜨지 않고 성경책을 여기저기를 넘기기 시작하였습니다. 그리고 성경 한 곳을 손가락으로 지적하였습니다. 바로 그 구절이 자신에게 주시는 하나님의 음성으로 받겠다는 기도와 함께 말입니다.

그 분이 드디어 눈감고 첫 번째로 성경을 지적한 후 눈을 떠보니 이런 말씀이었다고 합니다. "유다가 은을 성소에 던져 넣고 물러서서 목매어 죽은지라"(마27:5). 그건 아닌 것 같아 눈 감고 다시 지적하였더니 "하늘에 계신 자가 웃으심이여 주께서 저희를 비웃으시리로다"(시2:4)가 나오는 것 이 아닙니까? 그래도 모든 것은 삼세번이라 여겨 다시 한 번 눈 감고 해 보았더니 이런 말씀이 나오더라는 것입니다. "이 모든 일에 전심전력하여 너의 진보를 모든 사람에게 나타나게 하라"(딤전4:15).

하나님의 음성을 듣고 그것으로 인생의 나침반으로 삼는 일에도 진보와 성장이 있어야 합니다. 첫째, 성경읽기에 진보가 있어야 합니다. 무조건 눈감고 찍는 것도 좋지 않지만 남보다 더 많이 읽어야 한다는 강박관념도 버려야 합니다. 때론 정독하며 그 성경구절 속에서 오늘 말씀하시는 성령님의 음성을 들어야 합니다. 물론 묵상하는 구절 속에서 세미한 하나님의 음성을 듣기 위한 장소와 시간을 잘 정해야 할 것입니다.

둘째, 설교듣기에 성장이 있어야 합니다. 설교는 하나님 말씀을 대언하는 것이기 때문입니다. 종교개혁자 마틴 루터는 "설교가 성경을 증거하고 있는 한 그것은 하나님의 말씀이요 음성이다."라고 하였습니다. 또한 요한 칼빈도 "설교는 성경보다는 종속적인 권위를 가지고 있다. 그러나 설교가 성경을 가르치고 있는 한 그것이 하나님의 말씀의 권위를 가진다는 것은 분명한 진리이다"라고 하였습니다.

그러므로 설교자의 성경적 설교를 향한 우리들의 올바른 반응이 있다면 성령께서 설교시간에 성도님들에게 말씀하실 것입니다. 즉 자신을 향한 하나님의 음성을 듣는 은총을 받을 것입니다. 그 때 점점 믿음이 성숙하여 다음과 같은 교인은 되지 않을 것입니다. 인천의 어느 목사님께서 교인이 경영하는 가게에 들어가 심방을 한 후 축도를 하기 위해 손을 높이 드셨습니다. 양 팔을 높고 그리고 넓게 들고 축도를 하려는데 그 집사님께서 축도를 막으시며 이렇게 간청하였다고 합니다.

"목사님의 손이 그렇게 넓게 벌어지면 우리 가게가 아니라 옆 가게로 목사님의 축복이 넘어가잖아요! 손을 좀 좁혀서 일자로 들어주세요!" 그래서 그 목사님 할 수 없이 손들고 벌서듯이 축도하였다고 합니다. 하기야 저도 어떤 새신자의 개업감사예배에 가서 축하 떡을 자르고자 하는데 그 분이 이렇게 말씀 하시더군요. "목사님, 이 떡을 삐뚤게 자르지 마시고 똑바로 자르셔야 해요. 그래야 우리 가게에 복이 똑바로 들어오게 되거든요."

　성경 어디에 그런 말씀이 있는지 잘 모르겠습니다. 그러나 분명한 것은 목사님의 성경봉독과 말씀선포를 통해 이미 자신의 가게 운영에 필요한 말씀과 축복은 풍성히 전해졌다는 것입니다. 축도하는 손의 위치, 혹은 떡을 자르는 방법이 문제가 아니라 선포된 말씀에 대한 믿음에 따라 응답은 가름될 것입니다. 주님께서 믿음대로 될 것이라고 언약하셨습니다.

무슨 일을 만나든지 만사형통 하리라!

염려는 믿음 뿐 아니라 건강도 해칩니다.

여자들은 추해 보이면 어쩌나 하는 염려는 일평생 합니다. 그래서 20대에는 화장을 합니다. 30대에는 치장을, 40대에는 분장을, 50대에는 변장을 합니다. 그러다가 60대에는 환장을, 70대에는 결국 얼굴이 끝장이 나고 맙니다. 그래서 7, 80대에는 여자보다 남자의 피부가 더 곱고 깨끗합니다.

그러나 기쁨과 웃음이 있으면 건강해지며 미인이 됩니다. 염려와 근심을 달고 살면 건강이 상하며 결국 추녀가 됩니다. 그래서 성경은 "마음의 즐거움은 얼굴을 빛나게 하여도 마음의 근심은 심령을 상하게 하느니라"(잠15:13)고 말씀하십니다.

솔직히 어느 분에게는 대표기도를 부탁하기가 부담스럽습니다. 그에게는 '대표기도'가 '대포기도'가 되기 때문입니다. 그래서 그는 대표기도를 준비하는 일주일 동안 거의 잠을 주무시지 못하십니다. 어떻게 기도를 잘 할 것인가 하는 염려 때문입니다. 그리고 기도한 후에도 역시 일주일 동안 불면증에 시달립니다. 이렇게 기도하였으면 더 감동적이었을 것인데 하는 마음과 다음 주일 교인들을 어떻게 볼 것인가 하는 염려 때문입니다. 몇 번 더 대표기도를 시키면 제 명에 죽지 못할 것 같아 저도 불안합니다.

교통사고를 크게 당한 교인 병원심방을 다녀 온 집사님 이야기입니다. 입원한 모습이 너무 처참하여 그에게 이런 염려가 생기기 시작하였습니다. '나도 저렇게 교통사고 당하면 어쩌나! 아니 나도 조만간 당할 것이야! 다음 차례는 내가 될 것 같아!' 그러다가 결국 교통사고를 당하고 말았습니다. '믿음대로 될 지어다!' 그 염려한 대로 된 것입니다. "마음의 즐거움은 양약이라도 심령의 근심은 뼈로 마르게 하느니라"(잠 17:22).

예수님은 그를 찾아온 사람의 돈, 명예, 염려하는 모습을 보시고 치유의 역사를 베푸신 것이 아닙니다. 오직 믿음을 보시고 영육을 치료하셨습니다. 그 상황과 사람이 문제가 아니라 내 믿음이 문제인 것입니다. 작게 믿으면 작게 응답 받습니다. 크게 믿으면 크게 응답 받습니다. 그러나 믿지 않으면 그 불신대로 될 것입니다. 염려 귀신이 떠나지 않을 것입니다.

성도님의 처지를 성경은 이렇게 말씀하셨습니다. "우리가 알거니와

하나님을 사랑하는 자 곧 그 뜻대로 부르심을 입은 자들에게는 모든 것이 합력하여 선을 이루느니라"(롬8:28). 성도님이 이 말씀을 붙들면 이 말씀이 성도님을 붙잡아 줄 것입니다. 성도님은 삶의 문제는 혹 과정이 힘들 수 있습니다. 그러나 그 결과는 잘 될 것입니다. 해결될 것입니다. 하나님이 하실 것입니다. 형통할 것입니다. 선을 이룰 것입니다.

"나의 갈 길 다가도록 예수 인도하시니 내 주 안에 있는 긍휼 어찌 의심하리요 믿음으로 사는 자는 하늘 위로 받겠네 무슨 일을 만나든지 만사형통하리라 무슨 일을 만나든지 만사형통하리라"(찬송가 434장 1 절) 아멘!

삶은 목적 이전에 방향입니다

교회를 그럭저럭 다니던 한 청년이 어느 날 사는 것이 죽는 것보다 더 힘들다는 생각이 들었습니다. 생뚱 맞은 생각입니다. 엄마가 강도 만나 매 맞고 피를 흘리며 죽어가는 사람을 사마리아 사람이 살려 준 성경 말씀을 어린 딸 예은이에게 들려주었습니다. 만일 예은이가 그렇게 강도 만나 피를 철철 흘리며 죽어가는 사람을 직접 만나면 어떻게 하겠냐고 물어 보았더니 대답이 생뚱 맞았다고 합니다. "엄마, 저는요, 분명 토할 것 같아요!"

전혀 엉뚱한 대답이듯이 그 청년도 그토록 교회를 다니면서 아직도 예수님을 만나지 못했으며 삶의 이유와 목적을 깨닫지 못했기에 그런 엉뚱한 마음을 갖게 되었습니다. 그러나 그래도 교인인데 죽기 전에 성경 말씀을 한 번쯤 읽고 죽어야겠다고 생각하였습니다. 그래서 무작정 성경을 펼쳐 보았습니다. 그런데 눈에 들어온 구절이 하필이면 "유다가 은을 성소에 던져 놓고 물러가서 스스로 목매어 죽은지라"(마27:5)는 것이 아닙니까?

173

'이거 나는 정말 자살할 운명이구나!' 생각되면서도 왠지 마음에 또 한 구절을 읽고 싶은 충동이 생겨 무조건 한 번 더 성경을 펼쳐 보았습니다. 그랬더니 "일어나 함께 가자!"(마26:46)가 눈에 들어오는 것이 아닙니까? 예수님이 마치 저승사자처럼 느껴졌습니다. 어느 사형수가 마지막 소원을 말하라는 집행관의 질문에 찬물을 좀 마시고 싶다고 하였답니다. 그런데 그 물을 다 마신 후 그 사형수의 한말이 걸작이었다고 합니다. "아, 이제 살 것 같네!"

마찬가지로 죽고자 했지만 아직도 삶의 미련이 있어 모든 것은 삼세번인데 하는 마음으로 다시 성경을 펼쳐 보았습니다. 그리고 눈에 마주친 이런 구절 때문에 화가 나고 심통이 발동하여 도리어 다시 살아 보자고 결단하였다고 합니다. "어느 때까지 둘 사이에서 머뭇머뭇 하려느냐?"(왕상18:21). 그렇습니다. 교인으로서 세상을 살아가면서 자신이 누구를 기쁘시게 할 것인가에 대한 해답을 얻지 못하는 것은 불행의 씨앗입니다.

'어떻게'가 아니라 '왜' 살아가야 하느냐의 해답이 없으면 목적 없이 그냥 무한경쟁하며 살아가게 됩니다. 그 경쟁 속에서 삶의 갈등이 생깁니다. 갈등은 자타를 향한 비판으로 이어지고 비판 끝에 삶의 의미를 상실하여 극단적인 생각이나 결정을 하게 되는 것입니다. 그러나 만일 살아가는 이유가 하나님을 기쁘시게 하기 위한 것이라면 웬만한 풍파에 끄떡하지 않습니다. 드디어 생각과 삶이 단순해지며 담대해집니다. 그런 교인에게 하나님 아버지께서 용기와 인내를 주실 것입니다. 그 이유는 하나님께서 그를 통하여 기쁨과 영광을 받으시기를 원하기 때문입니다.

만일 우리가 먼저 그의 나라와 의를 위해 공부하고, 취직하며, 결혼하고 돈을 벌고 건강하기를 원한다면 필요한 모든 것을 우리에게 더하실 것을 주님은 언약하고 있습니다. 누워서 떡 먹기 보다 더 쉬운 것은 무엇입니까? 누워서 떡 안 먹기입니다. 급변하는 시대에 생각과 삶의 방향 전환은 빠를수록 좋습니다. 공부해서 남 주냐 하지 않고 공부해서 하나님 좋아하는 일 하겠다는데, 취직, 사업하여 하나님 기뻐하시는 일에 동참하겠다는데, 또한 건강하고 평안하여 복음사역에 작은 힘이라도 보태겠다는데 그런 교인을 감히 사탄이 오래 낙담의 그늘 아래 머물게 할 수 있습니까? 단골이 전혀 없는 장사꾼이 장의사이듯이 결코 낙담을 단골로 모시지 않는 삶의 의지는 '오직 하나님과 그의 교회와 복음을 위하여!'입니다. 삶은 목적 이전에 방향이 중요합니다.

새우와 고래가 싸운다면?

집에 놀러 가면 항상 담배를 긴 파이프에 꽂아서 피우는 교인에게 친구 집사님이 물어보았습니다. "나이가 많은 것도 아닌데 왜 그렇게 긴 파이프만 사용해요?" 그러자 그 교인의 대답이 걸작이었다고 합니다. "목사님께서 하도 담배를 멀리하라고 해서 할 수 없이……." 오랜만에 동창회 모임에 가서 술자리를 함께하게 된 어느 남집사님이 빨대로 술을 마시고 있었습니다. 동창들이 너무 이상하여 그 이유를 물어 보았더니 이렇게 대답하였다고 합니다. "나는 교회를 다니면서 결심한 것이 있거든. 두 번 다시 술잔을 입에 대지 않겠다고 말이야!"

담배와 술은 때론 신앙생활과 교인간의 교제에 적지 않은 부담이 되기도 합니다. 어느 날 새벽기도를 마치자마자 서울로 차를 몰았습니다. 후배 목사 어머님의 천국환송예배에 참석하기 위해서였습니다. 병원 근처까지 갔는데 신호등이 빨간불 신호등이라 잠시 정차하고 있을 때 창 너머로 보이는 술집 간판이 성경내용과 비슷한 듯 하였습니다. "술이 내 안에, 내가 술안에!" '예수님이 내 안에, 내가 예수님 안에?'

'개가 사람을 가르치다'를 4글자로 줄이면 무엇이 되는지 아십니까? '개인지도'입니다. 그렇습니다. 술이 내안에 내가 술안에 있게 되면 결국 자신은 없어지고 맙니다. 그 결과 개가 사람을 가르치는 것 같은 어처구 니없는 일이 벌어지고 말 것입니다. 왜냐하면 처음에는 내가 술을 마시 지만 나중에는 술이 자신을 마셔 버리기 때문입니다.

세상의 술은 다 마셔서 없애야 한다고 주장하던 어느 아저씨가 그 날 도 역시 만취한 후 집에 들어와 딸과 이런 이야기를 나누었다고 합니다. "딸아, 내가 퀴즈를 낼 텐데 네가 맞추면 내가 내일부터는 술을 안 마시 지롱." "아빠…!" "새우와 고래가 싸웠는데 결국 새우가 이겼어. 어떻게 이겼게?" "아빠……. 왜 그래?" "모르지? 새우가 이겼거든……. 새우가 이긴 이유는 새우는 깡이 있었고 고래는 밥이기 때문이란 말이야! 알겠 어? 알겠어! 할 수 없이 계속 마셔야겠네!"

술에 대한 성경의 기준을 요약한다면 다음과 같습니다. 첫째, 술은 그 자체가 선한 것도 아니요 악한 것도 아닙니다. 또한 술 자체가 구원받음 의 여부와 직접적인 상관은 없습니다. 다만 사용하는 자가 악하게 만드 는 것입니다. 둘째, 과음은 정신적, 육체적, 경제적, 그리고 신앙적으로 치명적인 결과를 가져 올 수 있습니다. 그래서 셰익스피어는 술에 대하 여 "내 너를 마귀라 불러주마! 오, 하나님, 이 원수를 입속으로 들여보내 서 정신을 도적질 해가지 못하게 하옵소서. 오, 너 보이지 않는 술의 영 이여, 아직 알려진 이름이 없다면 내 너를 마귀라 불러주마!"라며 극도의

경계를 늦추지 않았습니다.

　그러나 교인 중 아직 술, 담배를 끊지 못한 분들을 쉽게 판단 및 비판 하는 것은 술, 담배를 하는 것보다 더 나쁜 자세일 수 있습니다. 술 담배 는 드러난 것이지 우리들에게 드러나지 않은 부족함이 얼마나 많습니 까? 만일 하나님께서 우리들의 그것을 드러내신다면 고개를 들지 못할 정도의 죄악들이 가을 낙엽만큼이나 많지 않습니까? 신앙은 단계입니다. 성령 하나님께서 그 성도님에게 그 단계를 밟게 하고 있을 뿐입니다. 격 려하며 덮어주고 인내하는 언행이 가족과 교인들 간에 있어야 할 시대 입니다.

수다에 죽고 기도에 살자!

기도는 기도이고 수다는 수다입니다. 특히 여자들에게는 더욱 그런 것 같습니다. 오후 1시를 넘겨 식당에 들어갔습니다. 그 시간에도 꽤 많은 손님들이 식사를 하고 있었습니다. 그런데 손님들 거의 대부분이 군데군데 모여 있는 여성들이었습니다. 왠지 이런 생각이 났습니다. '남편들은 이 시간에 뼈 빠지게 일하고 저녁에는 상사의 강요에 못 이겨 술마시다 길거리에 전 부치고 있는데 아내들은 상팔자야! 예외는 있지만 미국 여성들보다 한국 여성들이 더 여유와 행복이 있는 것이 분명해……'

종업원의 인도로 한 아주머니들이 모여 식사하는 테이블 앞에 앉게 되었습니다. 주문한 식사를 기다리다가 기가 막힌 장면을 보았습니다. 어쩌면 그렇게 밥 들어가는 입과 말하는 입이 기가 막히게 잘 교차가 되는지 신기에 가까웠습니다. 끊임없이 말하고 끊임없이 식사가 들어가는데 입과 숟가락이 충돌하지 않는 것도 '세상에 이런 일이'였습니다.

들으려고 한 것이 아니라 가까이 앉아 있었기에 그들의 대화를 듣게 되었습니다. 별 대수롭지도 않은 이야기인데 너무나 신나게 그리고 재미

있게 깔깔거리는 것이었습니다. "내 머리 너무 짧게 잘랐지?" "하하하…"
"내 허벅지 너무 굵어졌지?" "깔깔깔…" "네 남편 요새 배 많이 들어갔더
라!" "킥킥킥…" "야, 그 연속극 어제 밤에 봤니?" "죽일 년이야! 그 계집
결국에는 죽게 만들라고 작가에게 전화해야 돼!" "맞아 맞아…" 웃고 먹
고 마시고 웃고 먹고 마셔대니 저도 식사와 함께 그 아주머니들의 수다
를 먹었습니다. 그리고 문득 "저 아주머니들 중에 교회 다니는 분들은
몇 분일까?"하는 생각을 뜬금없이 해 보았습니다.

　　물론 저는 그 분들보다 먼저 식당을 나왔습니다. 그러나 그 아주머니
들은 아마도 나중에 이런 이야기를 하면서 헤어졌을 것입니다. "정말 중
요한 이야기는 아직 못했는데, 집에 가면 전화할게!" 그리고 전화한 후
수화기와 귀가 뜨거워질 때까지 재방송과 속편을 계속 이야기할 것입니
다.　아주머니들을 비하하는 말은 아닙니다. 다만 왜 주님의 부활 소식
을 첫 번째로 접하게 된 사람이 여성들이었을까요?　아마도 신속히 전파
될 수 있는 가능성을 보셨기 때문일까요? 그러나 만일 여성들이 그 이야
기하기 즐겨하는 것을 자신의 기도생활에 적용한다면 놀라운 은혜와 효
과가 자타에게 있을 것이 분명합니다.

　　물론 기도는 기도고 수다는 수다라고 한다면 할 말은 없습니다. 그러
나 그 누군가와 대화하기를 즐겨하는 은사를 하나님과의 대화에 활용한
다는 것은 참으로 유익한 결단이 될 것입니다. 기독교의 진리는 죽어야
산다는 역설적인 면이 있습니다. 수다에 대하여 좀 죽으면 기도가 살아
날 것입니다. "내 기도하는 그 시간 그 때가 가장 즐겁다"라는 찬송이
이해될 것입니다. 동시에 기도한답시고 교만해 지는 마음도 죽어야 우리

모두 피차 혜택을 누리고 영육이 살게 될 것입니다.

기도, 그것은 이론이 아니라 실천입니다. 시작이 반입니다.

아마도 눈물이 없을 것 같기도 합니다

대학병원 시체실에 한꺼번에 세 구의 시신이 들어왔습니다. 그런데 그 세 시신이 다 웃고 있는 모습이 아닙니까? 담당 직원이 너무 궁금하여 구급대원들에게 물어보았습니다. "이 시신들은 왜 한결 같이 웃고 있는 겁니까?" "예, 첫 번째 분은 20억 로또 1등에 당첨된 것을 확인하는 순간 심장마비로 죽은 사람입니다. 그리고 두 번째 저기 계신 분도 역시 사인이 심장마비인데 아들이 사법고시에 합격한 것을 통보 받은 즉시 죽은 사람입니다.

영안실 직원은 그 두 시신이 웃으며 죽은 이유가 그런대로 이해가 되었습니다. 그런데 세 번째 시신은 더욱 환한 미소를 띠고 죽은 것이 아닙니까? 그 사연을 물어보자 구급대원이 이렇게 대답했다고 합니다. "이 분은 벼락을 맞아 죽었습니다". "번개와 벼락을 맞았을 때 어찌 웃고 있었단 말입니까?" "주위 사람들의 증언에 의하면 사진 찍는 줄 알고 평소 습관대로 웃다가 그만……."

웃고 살다가 죽으면 복된 죽음일까요? 또한 한 평생 슬퍼하다가 죽기 직전 웃을 일 생겨 한 번 크게 웃고 죽은 사람은 여한이 없는 죽음일까요? 아닐 것입니다. 진정 복된 삶은 순간을 살면서 영원을 준비하는 것입니다. 그런데 세상에서 제일 난감한 일을 당한 사람은 누구일까요? 소화제 먹고 체한 사람입니다. 또한 위장약 먹고 위장이 더 아픈 사람입니다. 혹 그보다 더 억울하며 허무할 사람은 누구일까요? 교회 바로 옆에 살면서도 교회를 나오지 않은 사람입니다. 예수님을 통한 구원을 받지 못한 채 그렇게 돌아가신 분이십니다.

아마도 그 지옥에서는 눈물을 흘리는 사람들이 적을 것 같습니다. 아니, 없을 것 같기도 합니다. 그 이유는 너무 치열하고 맹렬한 고통을 연속적으로 당하면 눈물까지 마르기 때문입니다. 싸이클론 광풍으로 대참사를 당하였던 미얀마를 돕기 위해 즉시 그 곳에 다녀온 조현삼 목사님 (한국기독교연합봉사단 단장)의 글을 읽어보시겠습니까?

"미얀마 재난 구호 현장에서 우는 사람을 한 사람도 못 만났습니다. 재난으로 거반 사라진 마을에서 웬만한 사람을 붙잡고 물어도 다들 가족 중 사망자나 실종자가 있었습니다.

우리 같으면 땅을 치며 통곡을 해도 한참 할 것 같은 상황인데도 그들은 울지 않았습니다. 이번에 느꼈습니다. 재난을 당하고 울 수 있는 것도 어느 정도일 때라는 것을.

재난이 너무나 크면, 그래서 그 충격이 너무나 크면 사람의 감정 표현 기능에도 이상이 오는 것 아닌가 하는 생각까지 했습니다. 어쩌면 이미

너무 많이 울어 눈물이 말라 버렸는지도 모릅니다. 아니면 당장 먹을 쌀을
구하기 위해, 그래야 생명을 부지할 수 있는 상황이라 그런지도 모릅니다.

그저 넋 나간 사람 같은 이들이 다시 울고 웃을 수 있게 되길 소망합니다."

예수님과 연애하기

어느 판사께서 결혼 주례를 하게 되었습니다. 그런데 이런 오발탄을 쏘고 말았습니다. "오늘 복된 날을 맞이하여 피고 김말동 군과 원고 이샬롬 양의 결혼식을 시작하겠습니다!" 어느 목사님께서는 토요일 아침에 장례식을 집례한 후 오후에 결혼식을 주례하며 이렇게 선포하였다고 합니다. "이제부터 고(故) 김말동군과 이샬롬양의 장례식을 거행하겠습니다!"

그런데 어느 조류학자는 한 술 더 떠 커피 한잔을 마시며 휴식을 취할 때 꼭 한발을 든다고 합니다. 심지어 세계적으로 인정받는 이 조류 박사는 낮에 잠시 잠을 잘 때에도 서서 한 발을 든다고 하니 대단한 분이십니다. 사람들에게 존재하는 이런 무의식세계는 우리들에게도 엉뚱한 말과 행동을 하게 합니다. 무의식이 의식세계에 표출되기 때문입니다.

그래서 술좌석에서의 직책에 따른 생각과 행동에도 큰 차이가 있습니다. 사장은 술집에서도 새로운 계약 성사에 정신이 없고 술상무는 술 마시는 일에 정신이 없습니다. 과장은 눈치 보기에 정신이 없고 말단사원은 술병 헤아리기에 정신이 없다고 합니다. 그러면 성도들은 누구 혹은

185

무엇에 정신이 없을 정도로 집중해야 합니까? 늘 집중하던 어떤 무의식 세계가 있어 어느 순간 의식세계로 표출되어야 하겠습니까? 다시 말씀드려 하나님께서 보시기에 좋은 내면세계는 무엇이겠습니까?

늘 믿음의 주요 또 온전케 하시는 이인 예수님을 바라보는 내면세계입니다. '바라본다'는 의미는 '계속하여 집중한다'입니다. 마치 100m 달리기에 참가한 선수가 오직 결승점 도착과 동시에 수많은 경쟁자들 가운데 우승하겠다는 일념만으로 간절히, 즉 간이 절일 정도로 집중하여 달리듯이 말입니다. 그 순간에는 어느 생각, 어느 사람도 생각이 나지 않는 것과 같은 집중력으로 주님을 바라보며 그를 닮아가고자 하는 삶이 바로 성화의 생활입니다.

그래야 할 것은 이 세상의 모든 조직과 문화의 흐름 뒤에는 비기독교적이요 적그리스도적인 요소들이 산재해 있기 때문입니다. 그래서 혹 잠시 넘어지더라도 아주 자빠지지 않기 위함입니다. 더 이상 낙심과 좌절 그리고 실망과 원망으로 가득 찬 인생을 살아가지 않기 위함입니다. 그렇게 주님께 집중해야 할 이유 중 제일 큰 이유는 예수님을 통하여 불확실한 이 세상에서 제일 확실한 한 가지를 발견할 수 있기 때문입니다. 그것은 예수님께서 당신을 너무 너무 사랑하신다는 것입니다.

우리 주님은 마치 이 세상에서 사랑해야 할 마지막 대상은 오직 이 글을 읽고 있는 당신인 것처럼 사랑하시는 분이시기 때문입니다. 예수님은 사랑이십니다. 때론 우리를 향하여 지독한 짝사랑까지 하십니다. 우리들은 그런 사랑이 도리어 부담이 된다고 등을 돌리는데도 말입니다. 오직 그런 사랑의 예수님을 향한 내면세계의 집중만이 패배주의와 냉소, 그리고 염세적인 생각으로 이미 빠져 들어가고 있는 자신을 구할 수 있는 비결 중에 비결입니다.

사방이 꽉 막힌 여자는 엘리베이터걸입니다. 제일 무서운 상사는 불상사입니다. 성도로서 제일 큰 불상사는 무엇입니까? 전혀 희망이 없는 삶을 살아가는 불쌍한 사람은 누구입니까? 예수님을 삶의 중심에 모시지 못하며 그 분 없이 살아가는 인생입니다. 교회를 통하여 주님과의 열렬한 연애가 시작되는 계절이 되었으면 합니다.

정신 나간 녀석 같으니라고…!

어느 무더운 여름날 아침 달팽이 한 마리가 나무를 기어오르고 있었습니다. 나뭇가지에 앉아 있던 새들은 그 녀석의 행동이 이상하여 비웃는 말투로 "너 지금 기어오르는 나무가 얼마나 높은 줄 알기나 하냐?" "그 나무 올라가 봐야 지금은 열매도 없단 말이야! 내려가는 것이 신상에 좋다!" 그러자 달팽이가 이렇게 대답하였다고 합니다. "그래? 하지만 내가 저 꼭대기까지 올라갈 즈음에는 틀림없이 열매가 잘 익어 있을 거야!"

물론 시간이 오래 걸릴 것이나 한 방울 한 방울씩 떨어지는 물방울은 결국 바위를 뚫습니다. 그러므로 비록 자타가 볼 때 보잘 것 없는 시도인 것 같아도 범사에 긍정적이요 적극적인 태도로 도전해야 합니다. 인내심과 확신을 가지고 물러서지 말아야 합니다. 당장에 열매가 보이지 않더라도 말입니다. 매우 단단한 벽을 뚫는 방법은 무엇입니까? 큰 철판으로 하염없이 때려 보는 것입니까? 아닙니다. 결국 지치고 실패할 것입니다. 그러나 끝이 날카로운 송곳 하나를 가지고 한 군데만 집중적으로 포기하지 않고 뚫으면 때가 되면 뚫어지게 될 것입니다. 그 벽 너머를

보게 될 것입니다. 그것을 서울대 산업공학과 이면우 교수는 '송곳 이론'
이라고 하였습니다.

그 무엇을 생각하며 행복할 것이다, 혹은 불행할 것이다 예측만 하는
사람은 진정한 기독교인이 아닙니다. 그것을 향하여 도전정신을 가진 후
송곳 이론으로 행하기 시작할 줄 아는 사람이 성도입니다. 그 때 하나님
께서 도우시는 손길과 갈 길을 허락하시며 열매를 주실 것입니다.

몽골의 천강민 선교사의 사역 초기 시절 이야기입니다. 약 18여 년
전이니 선교사 명함조차 내밀지 못할 사회주의 국가 시절이었습니다. 몽
골의 토속종교와 이슬람 교권에 의해 할 수 없이 일반비자로 몽골에 들
어간 선교사님이 어느 날 버스 정류장 부근으로 선교정탐을 나갔습니다.
다른 곳과 달리 교통도 편리하고 사람들도 많아 그 곳에 교회를 세우면
좋을 것 같다는 확신이 생겼습니다. 성령께서 감동을 주시자 그 자리에
서 무릎을 꿇고 두 손을 들어 하나님께 통성기도를 드렸습니다.

주위의 많은 몽골사람들의 시선이 선교사님의 갑작스런 태도에 집중
되기 시작하였습니다. 순식간에 많은 사람들이 선교사님 근처로 모여 들
었습니다. 그러나 기도에 집중하였던 선교사님은 그것을 인식하지 못하
다가 나중에야 수많은 무리들 가운데 자신이 무릎 꿇고 있다는 것을 깨
달았습니다. 만일 자신이 선교사요 지금의 태도가 하나님께 기도하는 것
이라는 것을 알게 되면 그 자리에서 살아 일어나지 못할 순간이었습니

다.

　어설픈 몽골어 실력이지만 그들의 이야기가 대강 귀에 들렸습니다. 그리고 얼마 후 무사히 그 곳을 빠져 나왔습니다. 그 이유는 그 근처에 정신병원이 있었고 그들의 이야기는 "이 녀석, 아마도 저 정신병원에서 탈출한 정신없는 녀석이 분명해. 에이, 정신 나간 녀석 같으니라고!" 그 당시로는 마치 큰 나무를 기어오르는 달팽이처럼 정말 어처구니없는 행동이었습니다. 그러나 18년이 지난 후 저와 그 선교사님은 그 때 기도하던 그 동네에 세워진 교회에서 다시 기도드리며 그 추억담을 나누었습니다.

　"작은 일의 날이라고 멸시하는 자가 누구냐"(슥4:10). "너희에게 인내가 필요함은 너희가 하나님의 뜻을 행한 후에 약속을 받기 위함이라"(히 10:36).

진 달 래

송년을 기념하는 모임이 많아지는 계절이 되면, 술 마시는 자리도 많아지므로 때론 하나님의 자녀들에게는 힘든 계절이 되기도 합니다. 세속 속에서 세속화되지 않기 위해 몸부림치는 성도들이 자랑스럽습니다. 때론 음료수로 동석한 분들과 손을 들어 건배를 할 때 이런 재치 있는 말한 마디를 이끈다면 꽤 융통성 있고 어울릴 줄 아는 교인으로 인정될 수도 있습니다.

'사우나!' = '사랑과 우정을 나누기 위하여!'
'진달래!' = '진하고 달콤한 내일을 위하여!'
'초가집!' = '초지일관, 가자, 집으로!'(1차로 끝내자는 외침입니다.)

좀 듣기 거북하지만 뜻은 좋은 이런 건배 외침도 있습니다.
'개나발!' = '개인과 나라의 발전을 위하여!'

저는 이런 외침 중 진달래를 제일 좋아합니다. 신앙생활에도 단계가 있는데 '진달래 단계'가 있기 때문입니다. 예배, 기도, 찬양, 전도 및 설

교를 지금보다 더 진하게 드리거나 들을 수 있는 단계가 있기 때문입니다. 또한 지금보다 더욱 달콤하게 예수님과 동행하는 삶의 단계도 있기 때문입니다. 그래서 베드로 사도는 이런 말씀을 하셨습니다. "갓난 아이들 같이 순전하고 신령한 젖을 사모하라 이는 이로 말미암아 너희로 구원에 이르도록 자라게 하려 함이라"(벧전2:2).

하나님의 자녀로 자신의 삶의 모든 면에서 성장하고 발전하기를 원하면서 신앙생활에 대하여는 진달래 단계를 원치 않는다면 교회안의 불신자와 다를 바 없습니다. 이제라도 더 진한 믿음의 단계와 주님과 달콤하게 교제하는 신앙을 사모하시기를 소망합니다. 이제 그렇게 되기를 소망하며 생각하세요. 기도하세요. 말하세요. 그대로 행동하세요. 부활하신 예수님의 영이 함께 하시며 이루게 하실 것입니다. 성령님이 도와주실 것입니다.

그러나 어느 집안은 지금도 3대에 걸쳐 타령만 하고 있다고 합니다. 명창 가문인가 생각하시겠지만 그렇지 않습니다. 그 집안은 대를 이어 밥타령, 신세타령, 술타령하는 집안이랍니다. 그러니 지금도 그 동네에서 유지로 지낸답니다. 겨우 생계만 유지하는 집안이랍니다. 반대로 배워서 남 줄 수 있는 삶이 있습니다. 건강해서 나누어 줄 수 있는 삶도 있습니다. 돈 벌어서 좋은 일에 쓸 수 있는 여생도 있습니다.

가능합니다. 더욱 신앙과 삶의 진달래 단계를 사모하는 흔적을 예수님께 보이면 이루어질 것입니다. 사람들은 고난 끝에 꿈은 이루어진다고 믿고 있습니다. 그러나 성도는 고난이 심하나 계속 품고 있던 그 믿음의 생각, 기도, 말과 행동은 결국 이루어질 것을 믿어야 합니다. 기도는 이루어집니다. 주님께서 이렇게 언약하셨기 때문입니다. "내가 결코 너희를 버리지 아니하며 결코 너희를 떠나지 아니하리라"(히13:5).

4

신앙
일반

개 한 마리의 사연

　참 이상한 장례 모습이었습니다. 장례행렬에 여자는 한 명도 없는 것입니다. 남자들만 약 20명이 뒤를 좇고 있었습니다. 그런데 맨 앞에 있는 상주인 남편은 무슨 까닭인지 개 한 마리를 끌고 가고 있으니 주위 모든 이들의 눈길을 끌기에 충분하였습니다.

　그 광경을 보던 한 남자가 너무 궁금하여 상주인 남편에게 어떤 이유로 아내가 죽게 되었는지를 물어보았습니다. "예, 불행하게도 이 녀석이 물어 세상을 떠나게 되었습니다."라며 앞서 가는 개를 가리키는 것이었습니다. 그 때 너무 기특한 개라 판단한 그 남자가 그 개를 며칠만 빌릴 수 없냐고 물어보자 이렇게 대답하더라는 것입니다. "그러면 당신도 저 행렬 맨 뒤에 서서 따라 오세요! 어찌 이리도 이 개를 찾는 개 같은 남자들이 많은가?……"

　한 쌍의 연인이 살얼음이 언 봄에 강가를 손잡고 걸어가고 있었습니다. 그런데 갑자기 얼음이 깨지는 바람에 둘 다 물속으로 빠지고 말았습니다. 그런데 결국 남자는 죽고 여자는 살았다고 합니다. 그 이유를 아

시는지요? 그 남자는 돌대가리라 물속에 가라앉았으며 여자는 머리가 텅 빈 여자였기에 물 위로 뜰 수 있었다는 것입니다.

혹 아내가 먼저 죽으면 그리도 좋은 일이 생길 것 같습니까? 행복한 미래가 내 마음에 들어올 것 같습니까? 아닙니다. 돌대가리들의 예상일 뿐입니다. 대체로 그 때부터 참 힘든 인생여정을 걷게 됩니다. 돈으로 침대를 살 수 있으나 잠은 살 수 없습니다. 돈으로 책을 살 수 있으나 지식은 살 수 없습니다. 돈으로 약을 살 수 있으나 건강을 살 수는 없습니다. 돈으로 피를 살 수 있으나 생명은 살 수 없습니다. 돈으로 지위를 살 수 있으나 존경은 살 수 없듯이 혹시라도 재혼은 할 수 있을지 모르나 행복을 얻기에는 참 많은 장벽들이 있는 현실입니다.

물론 예외가 있음을 부인하지 않습니다. 올드미스가 다 불행한 것은 아닙니다. 도리어 그 시기를 골드미스로 만드는 형제 자매들이 있듯이 재혼함으로 실버노년에서 골드노년으로 바뀌는 분들이 많이 있음을 인정합니다. 그들을 축복합니다. 그 어르신들의 자녀들이 큰 효도를 한 것입니다. 다만 그럼에도 불구하고 저는 지금 곁에 있는 아내에게 좀 더 잘하는 것이 참된 행복이요 지혜임을 말씀드리는 것입니다.

여자는 아무리 나이를 먹어도 여자입니다. 성도님은 외출, 출장 중 아내에게 몇 번 전화하시는지요? 일주일에 한 번이라도 휴대폰 문자로 마음을 나누고 있는지요? 아내의 생일, 혹은 결혼기념일은 기억하고 있는

지요? 한 달에 한 번이라도 가벼운 외식은 하시는지요? 혹 아내의 신발 상태를 확인해 보았는지요? 자녀들 앞에서 아내에 대한 칭찬을 해 보신 적이 언제인지요? 아내와 자식이 다툴 때 아내 편을 든 적이 있으신지요?

있을 때 잘해 보자는 것입니다. 또한 자녀들을 향한 좋은 시청각 교재가 되어보자는 것입니다. 각 가정마다 경제대란으로 인하여 모든 면에 재정을 긴축하지만 자녀교육비 지출은 크게 줄지 않았다고 합니다. 자녀교육 중 돈은 들지 않지만 최고의 교육은 바로 행함이 있는 아내사랑일 것입니다. 혹 결혼한 지 얼마 되지도 않은 아들이 자기 아내에게 너무 무뚝뚝하게 대하는 모습이 너무 자부에게 미안합니까? 그 아들 녀석이 그 아버지의 붕어빵이기 때문입니다. 그러나 아직 기회는 많이 있음을 인정하며 새롭게 출발합시다!

걸 레

요새 모기는 참으로 오래 사는 것 같습니다. 그리고 참 지혜로운 것 같습니다. 저와 함께 엘리베이터를 타고 아파트 18층까지 올라와 한 밤을 괴롭힙니다. 때론 그 녀석 때문에 잠을 설치다가 새벽기도회를 못 나가기도 하였습니다. 기도를 방해하는 사탄의 도구 노릇도 톡톡히 합니다.

그 녀석은 요즘 처서(處暑)가 지나도 기승을 부리고 있습니다. 물론 여름에는 천정에 붙어 있었는데 요즘은 벽에 있으니 좀 기세가 꺾인 것은 사실인 듯합니다. 그런데 요새 모기는 무슨 이유로 그렇게 오래 살 수 있을까요? 어느 분이 그 해답을 찾았답니다. '햇볕정책' 때문이랍니다. 그럴까요? 글쎄요!

가수 비와 피겨 세계 챔피언 김연아, 그리고 유명한 정치인과 목사인 제가 소양강에서 유람선 보트를 즐기다가 그만 전복되고 말았습니다. 물가에서 낚시하던 사람이 그 장면을 보고 뛰어 들어 제일 먼저 어느 한 사람을 구했다고 합니다. 누구를 구출했을까요? 비? 김연아? 저요? 아닙니다. 정치인이었습니다. 그 이유를 아시는지요? 그를 그대로 죽게 하면 강물이 심히 오염될 것이 분명하기 때문이라는 것입니다. 믿거나 말거나 입니다.

이런 유머가 이야기되는 것은 그 어느 정책이나 그 어느 정치인이 크게 잘못되었기 때문은 아닐 것입니다. 다만 남다른 위치와 특권을 누리는 사람들은 동시에 남다른 책임의식과 희생이 따라야 한다는 요청이 담겨져 있는 것입니다. 주님께서도 많이 맡긴 자에게 많은 것을 요구할 것이라고 말씀하시지 않았습니까?

그러므로 성도님들을 향한 비기독교인들의 마음도 마찬가지일 것입니다. 물론 편집증에 가까울 정도로 잘못된 이념과 사상을 가지고 기독교와 교인들을 향해 비판을 위한 비판을 하는 자들은 경계해야 합니다. 힘써 물리치고 하나님의 교회를 지켜야 합니다. 왜냐하면 그들은 거침없이 기독교를 개독교라 합니다. 목사를 먹사로, 장로를 길게 늙은 자로, 권사를 똥싸, 그리고 집사를 잡사라고 말하며 빈정거립니다. 성도는 잘못된 목적을 가지고 달려드는 여우들과 어떤 이유로든지 동류하지 말아야 합니다.

그러나 그들의 우리를 향한 건전한 희망과 기대는 감사함으로 받아 우리부터 먼저 변하며 모범을 보여야 합니다. 걸레는 희생과 봉사의 상징입니다. 걸레를 너무 깨끗하게 세탁하면 그 녀석이 착각에 빠집니다. 자기가 무슨 손수건이나 행주가 된 것처럼 행동할 수 있습니다. 걸레는

적당히 빨아 주며 사용해야 제 몫을 감당하며 유용하게 쓰임을 받습니다.

　　우리 성도들은 영적 걸레입니다. 썩어지고 어두워진 이 세상 구석구석을 닦아 주어 새롭게 함과 동시에 아직도 살아갈만한 이유를 알려주어야 할 의무와 특권이 있습니다. 그러므로 너무 교회 안에만 상주해 있거나 지나치게 교인들과의 교제만 즐기는 것은 좋은 신앙생활이 아닙니다. 비기독교인들 가운데서 차별된 모습이 아니라 성별된 삶을 보여주어야 합니다. 그 결과 그들 중에 이 민족과 사회의 앞날의 희망은 오직 하나님이심을 알게 해야 합니다. 또한 교회와 교인들이 있기에 우리들이 아직 희망을 버리지 말아야 한다는 의식을 심어주는 그리스도의 제자들이 되기를 소망합니다.

돈?!

영어로 돈은 '머니'입니다. 그런데 우리나라 사람들도 머니를 참 좋아합니다. 아이들이 좋아하는 돈은 '할~머니'입니다. 계란 살 때 지불하는 돈은 '에그~머니'이며 며느리가 싫어하는 돈은 '시어~머니'라고 합니다. 도둑 아저씨가 훔쳐간 돈은 '슬그~머니'이고 아저씨들이 좋아하는 돈은 '아주~머니'입니다. 그런데 생각만 해도 눈물이 나는 돈이 있습니다. 그것은 '어~머니'입니다.

어느 복부인 '아주~머니'의 아들 이름들은 이렇다고 합니다. 첫째 아들은 '일수', 둘째는 '월수', 셋째는 '연수', 그리고 넷째 아들 이름은 '미수'라고 합니다. 그런데 그 아들들이 즐겨 부르는 노래의 가사는 좀 특이하다고 합니다. "우리 집 엄마는 복부인이죠. 부동산을 사겠다고 돈돈돈! 펀드가격 올랐다고 호호호! 우리 집 엄마는 복부인이죠. 아파트를 사겠다고 돈돈돈! 프리미엄 붙었다고 호호호!"

돈은 원래 선한 것도 아니고 악한 것도 아닙니다. 벌고 쓰는 사람에 따라 선한 도구가 될 수 있고 악한 결과를 가져 올 수 있습니다. 그래서

돈을 노예처럼 사용하는 사람이 있고 반대로 돈에 노예가 된 사람도 있습니다. 그러므로 우리에게 필요한 경건은 돈을 벌고 저축하는 것보다 그것을 어떻게 사용하느냐 입니다. 혹은 무엇에 사용하느냐 입니다.

그 결단의 원천은 바로 청지기 개념입니다. 청지기란 주인의 것을 모두 위임받아 주인의 뜻과 그 분의 목적대로 사용하는 자입니다. 동시에 그 결과 주인이 기뻐하시면 그것으로 만족하며 하루를 마무리하는 자입니다. 그러므로 청지기란 많은 것을 소유하고 있으나 결코 그것이 자신의 것이 아니요 오직 주인의 것이요 주인의 명령대로 써야 함을 침 삼키는 순간, 눈 깜빡이는 순간에도 잊지 않고 행하는 자입니다.

그래서 베드로 사도는 "각각 은사를 받은 대로 하나님의 여러 가지 은혜를 맡은 선한 청지기 같이 서로 봉사하라"(벧전4:10)고 권면하십니다. 그러면 주인 되신 하나님은 마치 폭군처럼 나에게 아무 것도 없는데도 무조건 다 드리라고 요구하시는 분이십니까? 아닙니다. 자신에게 있는 작은 오병이어를 드리면 그것을 크게 보시며 갚으시는 하나님이십니다. 그래서 어느 신실한 농부가 이렇게 고백하였습니다. "나는 하나님의 창고에 퍼 넣고 하나님은 내 창고에 퍼 넣으십니다. 그런데 하나님의 삽이 내 삽보다 훨씬 더 크십니다."

이제라도 너무 돈에 집착하지 말아야 합니다. 그 까닭은 돈은 움켜쥐면 어느덧 다 빠져나가기 때문입니다. 그리고 그 결과가 당황을 넘어 황당할 수 있습니다. 어느 날 노총각이 강가에서 요술 램프를 주었는데 요정이 나타나 딱 한 가지의 소원을 들어 주겠다는 것입니다. 너무 기뻐 "돈, 여자, 결혼이 소원입니다!" 그러자 응답이 그 날 당장 임하였다고 합니다. 그 노총각은 결국 '돈(미친) 여자와 결혼식'을 올렸다고 합니다.

기독교인에게는 기도한 후에 얻는 응답이 있습니다. 찬송한 후에 회복의 기쁨을 얻습니다. 말씀을 듣다가 확신과 능력을 받습니다. 마찬가지로 주인 되신 하나님의 사역을 위하여 물질을 드린 후에 얻을 간증이 있습니다. 체험이 있습니다. 그리고 지금까지 하나님과의 관계가 서먹서먹한 '아저씨'였는데 그때야 '아버지'로 확실하게 바뀌게 될 것입니다.

두 눈 다 멍들고 받은 교훈은?

어느 날 출근한 남자 전도사님의 두 눈 근처가 시퍼렇게 멍들어 있었습니다. 담임목사님은 호기심에 "집에서 무슨 일이 있었나?" 물어 보았습니다. "아닙니다. 오늘 아침 시내버스를 타고 교회로 오는데 한 여자가 일어나 출입문으로 나가더라고요. 그런데 엉덩이 사이에 옷이 끼여 있는 것이 아닙니까? 혹 그 여자가 승객들에게 망신을 당할 것 같은 생각에 내 곁을 지나갈 때에 엉덩이 사이에 옷을 잡아 빼 주었더니 이게 웬일입니까? 순간 돌아서더니 제 눈을 강타하는 것 아닙니까?"

목사님은 재미있기도 하고 또 궁금한 점이 있기에 "그러면 또 다른 한쪽 눈 근처가 시퍼런 까닭은 무엇인가?" 물었더니 더 웃기는 일을 그 남자 전도사님이 자행하고 말았던 것입니다. "이 한 쪽 눈이요? 그건요, 순간 생각해 보니 제가 잘못했다는 생각이 들더라고요. 그래서 저의 눈을 강타한 아가씨가 뒤돌아서 내리려고 하기에 그 때 다시 엉덩이 사이로 옷을 밀어 넣었더니……."

물론 그 전도사님의 입장에서는 자신이 잘못한 것이 없는데 애매한 고통을 당하였다고 생각할 수 있습니다. "나는 그 여자 엉덩이에 옷을 잡아 빼 냈을 뿐이고~" " 두 눈 다 멍들었을 뿐이고~"라고 말입니다. 그러나 아침 일찍 출근길에서 황당한 일을 당한 그 여자에게는 하루 시작이 엉망이 되고 말았을 것입니다. 그러므로 우리 성도에게 필요한 것은 입장을 바꾸어 생각하고 행동하는 지혜입니다. 즉 자신이 먼저 '내게 무엇이 문제인가?' '내가 무슨 원인을 제공하였나?' '해결방법은 무엇인가?' 자문자답할 줄 아는 것은 지혜입니다. 성숙이며 화목입니다.

우리 교회 건축 중 어느 단체에서 시공회사와의 문제로 수십 명이 주일날 시위를 하겠다는 통보를 받았습니다. 그것도 주일오전예배 때 확성기와 기타 시위도구를 가지고 말입니다.

처음에는 그들이 야속했습니다. 시공회사와 타협이 안 되었다고 해서 우리 교회와 교인들의 주일예배를 볼모로 잡겠다는 발상 때문이었습니다. 그러나 개인 기도하던 중 그들의 입장에서 묵상해 보니 이런 마음이 들었습니다. 상대적 약자인 그들이 자신의 의견과 주장을 알리며 관철할 방법은 그런 시위밖에 없을 것이라는 생각이었습니다. 그래서 시무교역자들에게 이런 지시를 하였습니다.

이번 주일 그 분들이 오면 유명제과점 빵과 개인별로 마실 수 있는 음료수를 준비하라고 말입니다. 그것도 푸짐하게 준비하도록 하였습니다. 또한 날씨가 쌀쌀해졌으니 보온통과 각종 차를 준비하여 대접하도록

하였습니다. 그리고 그들이 혹 시위를 할 때 불편한 점이 있으면 들어 줄만한 것은 받아 주도록 전담 교역자를 배치하도록 지시하였습니다. 교역자들의 표정이 그리 달갑지 않은 것 같았습니다.

그 주일날 어떻게 되었을까요? 웬일인지 그들은 오지 않았습니다. 그 해답으로 성도님들은 각자 다른 이유를 말할 수 있을 것입니다. 결국 그들을 위해 준비된 것들은 헛것이 되었습니다. 그렇다고 그 분들이 다음 주일에 오셔서 그것들을 마시고 드셨으면 하는 것은 아닙니다. 다만 배려는 하나님의 뜻이요 하나님께서 기뻐하시는 것이라는 것을 말씀드리고 싶을 뿐입니다. 기독교의 진리는 때론 역설적입니다. 그리고 우리들의 삶의 방식도 역시 때론 비상식적이어야 피차 좋은 열매를 먹을 수 있습니다.

묵상과 마음의 깊이

자기 자신의 마음의 깊이는 주위 사람의 말과 주어진 환경을 통해 넉넉히 알 수 있습니다. 자신의 마음이 깊으면 타인의 말과 환경을 통하여 감정이 들어오는데 시간이 꽤 오래 걸립니다. 또한 깊은 마음은 울림이 있어 반응도 즉각적이기 보다는 올바르게 됩니다. 그러나 마음의 깊이가 낮은 사람은 상대방의 한 마디의 말 혹은 자신의 생각과 다른 환경의 변화에 생각없이 즉각 반응을 합니다. 때론 쉽게 흥분하거나 반대로 급히 낙담합니다.

마음의 깊이는 그 사람이 행하는 묵상으로 좌우됩니다. "나의 입술의 모든 말과 나의 마음의 묵상이 주께 열납 되기를 원하네!" 복음송처럼 묵상은 참으로 중요한 경건 중에 하나입니다. 묵상을 하지 못할 정도로 바쁜 것은 나쁜 것입니다. 급한 것도 나쁜 것입니다. 나 뿐인 것도 나쁜 것입니다. 당장 말하고 싶은 것도 나쁜 것입니다. "노하기를 더디 하는 자는 크게 명철하여도 마음이 조급한 자는 어리석음을 나타내느니라" (잠14:29). 물고기와 사람은 주로 입으로 낚이기 때문입니다.

마음이 바쁘고 급하며 자신을 대변하고 싶어 당장 말하고 싶은 순간에도 한 호흡을 내쉬고 잠시 묵상할 수 있다면 마음의 깊이는 점점 깊어지고 피차 유익한 결과를 얻게 될 것입니다. 즉 그 묵상은 결국 상대방을 배려하는 묵상이 되고 그것이 결국 자신에게도 유익이 될 것입니다.

묵상에는 남을 힘들게 하는 묵상이 있고 남을 배려하는 묵상이 있는데, 그 구분은 묵상 후 자신이 하는 말을 통해 스스로 알 수 있습니다. 남을 힘들게 하는 묵상은 입에서 나오는 말이 이런 식입니다. 농담이라면서 말입니다. 목사님에게 "목사님은 살아 있는 부처님 같으시네요." 스님에게 "이번 일은 스님께서 십자가를 지세요!" 교도소에서 석방되는 사람에게 "기회가 되면 다시 한 번 방문해 주세요." 직구 밖에 던질 줄 모르는 중학교 야구 투수가 결국 교체를 당할 때 "정말 정직한 학생입니다!" 또한 머리가 많이 벗겨진 분에게 "이렇게 자리에 참석해 주시니 자리가 빛이 납니다!"라는 것입니다.

자신은 농담으로 말하는데 왜 진담으로 받느냐라는 말과 함께 던지는 빈정대는 이런 말은 타인을 괴롭히는 묵상입니다. 자신은 신앙이 깊고 묵상도 한다고 하지만 실제적으로는 이기적인 묵상입니다. 무익하고 피차 점점 더 멀어지게 하는 묵상일 뿐입니다. 그러나 남을 배려하는 묵상 끝에 나오는 말은 경우에 합당한 말입니다. 그 말은 아로 새긴 은쟁반에 금사과와 같이 귀하고 복된 말입니다(잠25:11).

배려가 있는 묵상은 깊이 할수록 상대의 의견이나 말의 뜻을 깊이 경청하는 특징이 있습니다. 동시에 자신의 주장을 잠시 접고 상대 의견에 대한 이해심을 갖고자 하는 묵상입니다. 이런 유익한 묵상을 하게 되면 상대의 감정과 의견과는 상관없이 자신의 뜻만 반복적으로 전하는 독백을 더 이상 하지 않게 됩니다. 드디어 대화와 소통의 단계로 나아갑니다. 자신을 통하여 주위에 많은 사람들의 영육이 쉼을 얻게 될 것입니다. 그리고 자신도 행복해 질 것입니다. "입을 지키는 자는 자기의 생명을 보전하나 입술을 크게 벌리는 자에게는 멸망이 오느니라"(잠13:3).

배고픈 것은 참아도……

　　미국사람과 일본사람, 그리고 한국사람이 탄 작은 배가 좌초되어 무인도로 피신하였습니다. 마실 것과 먹을 것을 오직 코코넛 열매로부터 겨우 얻다가 며칠이 지나자 드디어 극단의 배고픔과 절망에 빠져 들게 되었습니다. 그런데 어느 날 이른 아침 해변가에 이상한 물체가 밀려 왔습니다. 미국사람이 제일 먼저 그것을 보고 건져내 보니 요술램프였습니다.

　　미국사람이 램프를 조심스럽게 문지르자 요정이 튀어나왔습니다. 그리고 표류 중에 있는 세 명에게 한 가지씩 소원을 들어 주겠다는 것이 아닙니까? 너무 놀라운 희소식에 눈이 휘둥그레진 미국사람은 "어서 속히 사랑하는 가족이 있는 집으로 가고 싶어요!"라고 외쳤습니다. 그 때 요정이 손가락을 튕기자 그 미국인은 순간 사라지고 말았습니다.

　　다음 차례를 기다리던 일본사람도 소원을 말했습니다. "저는 출장 중에 조난을 당했어요. 어서 속히 회사로 돌아가서 밀린 업무를 보고해야 합니다." 역시 요정이 자기 손가락을 튕기자 일본사람도 순식간에 사라지고 말았습니다. 이제 한국사람만 남았습니다. 요정이 미소를 띠며 소원을 말하라고 하자 이렇게 부탁하였다는 것입니다. "그 두 사람이 그렇게 잘되는 것이 너무 화가 나요. 요정님, 그 두 사람 다시 돌아오게 해주세요. 당장!"

미국 유학시절 큰 가게를 하던 한인 집사님에게 들은 이야기입니다. 가게를 운영하던 유태인이 한국사람 한 명이 와서 자기 곁에 동일 업종 가게의 문을 열면 두려워 떤다고 합니다. 이제 우리 가게는 망할 일만 남았다면서 말입니다. 그러나 한국사람이 한 명 더 와서 가게를 열면 "이젠 우리 살았다! 자기들끼리 싸우다가 서로 가게문을 닫는 것은 시간 문제야!"라며 기뻐한다는 것입니다.

배고픈 것은 참아도 배 아픈 일은 참지 못하는 심성이 우리 민족의 피 속에 흐르고 있는 것 같습니다. 그러나 정도의 차이 뿐이지 어느 나라 사람들이나 다 사촌이 땅을 사면 배 아픈 것은 사실인 듯합니다. 어느 민족이든 이타주의보다는 이기주의적인 소식이 늘 전해지기 때문입니다. 그러나 이타주의에 솔선수범이셨던 성육신하신 예수님, 그리고 십자가상의 예수님을 구주로 영접한 성도들은 같이 울고 같이 웃는 영성이 있어야 합니다. 그것이 하나님 자녀들의 의무요, 특권입니다.

주님은 오늘도 여전히 좋은 일이 있으면 함께 기뻐하고 슬픔을 당한 사람이 있으면 같이 슬퍼하는 공동체를 만들라고 교훈하셨습니다. 우리에게 있는 이기주의의 높은 산과 타인을 인정하고 사랑할 줄 모르는 오만한 언덕을 평평하게 만들기 위해 지금도 말씀과 성령은 우리 마음의

문을 두드리십니다. 예수님을 향한 뜨거운 열정과 동시에 자기 가족 사랑의 최소 십일조라도 주위 사람들에게 줄 수 있음이 바로 하나님의 자녀다운 삶이라고 권면하십니다. "축하합니다!" "너무 좋겠어요!" "하나님의 사랑 혼자 다 받는 것 같네요!"라고 밝게 웃으면서 말입니다.

사람들이 좋아하는 태양 빛은

세상의 술을 다 마셔 사라지게 할 작정인가? 그 날도 역시 만취였습니다. 아내는 너무 기가 막혀 소리를 쳤습니다. "지금 도대체 몇 시에요?" 남편은 비틀거리며 옹알이하듯 중얼거렸습니다. "여보, 내 친구 철수 말이야, 진단 결과가 나왔는데 불치병이래……. 마음이 너무 아파서 술을 마셨는데……. 그럼 먼저 잔 ~다!" 아내는 할 말이 없었습니다. 그리고 그 다음 날 아침에 아내는 남편 친구 철수씨 병명이 궁금하여 잠에서 막 깬 남편에게 질문하였습니다. "무슨 병이래요?" "응, 무좀이래……."

미치고 팔짝 뛸 노릇입니다. 어느 할머님께서 버스에 오르자마자 "아, 이 버스 청산마을 가는 것 맞수?" 하기에 기사는 그렇다고 대답을 하였습니다. 그런데 틈만 나면 그 할머님께서 똑같은 질문을 하시기에 운전기사는 이렇게 대답해 드렸습니다. "청산마을에 도착하면 꼭 알려 드릴 것이니 걱정 마시고 푹 주무세요!"

그런데 할머님께서 주무시는 동안 운전기사께서 라디오 프로를 재미나게 듣다가 그만 청산마을을 두 정류장이나 지나쳐 버렸습니다. 기사

분은 할 수 없이 다른 승객들에게 양해를 간절히 구한 후 되돌아 청산마을까지 돌아갔습니다. 그리고 조심스럽게 할머님을 깨우면서 청산에 도착했다는 것을 알려 드렸습니다. 그랬더니 이 어르신 하시는 말씀, "어, 그려? 너무 고마워요, 이제 여기서 두 정류장만 더 가면 돼."

기가 막힐 노릇입니다. 이와 같이 우리는 가정, 교회 및 사회생활 인간관계 속에서 때론 할 말이 막힐 정도의 이해하기 힘든 사람이나 상황을 만나게 됩니다. 그 때마다 시시비비를 가리고자 논쟁하며 때론 화를 냅니다. 그러나 그 결과는 기차의 두 레일처럼 결코 합의될 수 없을 때가 많지 않습니까? 그러므로 지금 우리에게 필요한 것은 똑 부러지는 성격이 아니라 포근한 성품입니다. 똑똑한 사람이 많으면 아픔이 더 큰 아픔으로 이어집니다. 그러나 포근한 사람이 많아지면 결국에는 서로 이해와 배려하는 관계가 될 것입니다.

지금 가정과 교회 및 사회에서 필요한 사람은 온유한 사람입니다. IQ보다 EQ가 더 좋은 사람이 결국 모두를 기쁘게 하며 살리게 됩니다. 사진을 찍는 사람들이 좋아하는 태양은 어떤 태양입니까? 정오의 태양입니까? 아닙니다. 강렬한 한낮의 태양은 모두 다 싫어합니다. 그러나 아마추어든지, 프로이든지 일출, 혹은 일몰을 좋아합니다. 심지어 다 진 해를 더 좋아합니다. 그 때 부드러운 빛이 아름답고 찬란함을 만들어 내기 때문입니다.

"야, 너 이게 무슨 꼴이냐? 이게 사람 사는 방이냐, 돼지우리냐? 자기 방 하나 제대로 치우지 못하는 것이… 한심한 것 같으니리고…" 이런 불타는 감정이 목청까지 치고 올라오지만 마음을 초강력 냉방 시스템으로 다스린 후 미소를 띠며 그 엄마는 이렇게 말하였습니다. "정훈아, 네 방을 보니 엄마는 네가 참 대단한 아들이라는 생각이 든다. 이 지저분한 것을 밟지 않고 피해 다니는 고도의 운동신경, 그리고 결국에는 엄마가 대신 청소해 줄 것이라는 놀라운 예지력과 판단력, 또한 퇴근해 들어와 네 방을 본 후 엄청난 잔소리를 할 것인데 그것까지 묵묵히 감수하려는 정신력이 네 눈에서 보이니 말이야! 엄마는 네가 아빠가 들어오시기 전까지 틈을 내어 네 방을 치울 것을 믿는다."

두꺼운 외투는 차가운 겨울바람이 아니라 따뜻한 봄바람에 의해 벗겨집니다.

사회학습을 아십니까?

　우리 교회 부목사님 중 초등학교를 다니는 아들 이야기입니다. 어느 날 책망할 일이 있어 좀 나무랐습니다. 자세히 그러나 이해하기 쉽게 전하던 중이었습니다. 그 때 그 어린 아들이 뜬금없이 말하기를 "아빠, 정말 살기 싫다. 자살이나 하고 말까?" 초등학교 저학년 아들의 불쑥 던지는 이 말에 아빠는 너무 큰 충격을 받았습니다. 전혀 매로 다스린 적이 없는 아들, 그리고 이번 책망에도 결코 막말을 한 적이 없는데 말입니다.

　이건 아니다 생각한 그 목사님께서 왜 그리 쉽게 자살을 생각하며 말하느냐 물어보았더니 이 아들의 대답이 어처구니 없었다고 합니다. "노무현 대통령도 자살했는데 왜 나는 안 돼?" 사회학습의 결과입니다. 요사이 대부분의 드라마와 적지 않은 영화의 내용을 보면 사회가 변해간다는 표현보다는 급변하고 있다고 말할 수밖에 없습니다. 그것도 긍정적이기 보다는 부정적인 급변입니다. 다른 사람의 아픔을 향한 깊은 이해와 동정, 그리고 같이 감 보다는 그의 약점을 이용해 자기 이익을 취하기 위해 상대방의 삶과 돈을 갈취해 갑니다. 언어도 따뜻한 격려와 칭찬,

부드러움과 덮어줌의 유머가 아니라 독설적이고 상대방의 단점을 직·간접적으로 비하하는 내용이 주류를 이루고 있습니다.

동시에 폭력과 그것을 조직적으로 휘두르는 집단을 멋있는 의리 집단처럼 묘사하며 각종 불륜과 부적절한 관계를 주제로 하여 시청률을 끌어올리기 위해 더 깊게, 더 막가게, 더 진하게 스토리를 전개해 나갑니다. 이런 판단과 우려에 대하여 소위 전문가라는 사람들은 이렇게 대답을 하고 있습니다. "드라마는 드라마일 뿐이다. 영화는 그저 영화일 뿐이다. 오락 프로는 그저 오락 프로일 뿐이다. 그저 재미와 호기심으로 보면 될 것이지 그것에 큰 의미를 둘 필요는 없다." 그러나 이런 주장은 정말 무책임하며 심지어 천진난만하며 유아적인 생각일 뿐입니다. 그러면 왜 기인들이 나와서 면도칼을 씹어 먹거나, 자기 갈비뼈를 차력으로 꺼내는 장면을 보여주면서 "이런 장면을 절대 따라하면 안됩니다!"라는 자막을 꼭 내 보냅니까? 그냥 시청자들이 알아서 판단하게 놔 두면 될 것을 말입니다.

그 이유는 그런 대중매체를 통하여 어린이, 청소년, 청년들에게 강력하고 평생 갈 수 있는 악영향을 끼칠 수 있으며 중·장·노년들에게는 잘못된 대리만족과 기본적인 비판력 약화를 충동질하여 정신적, 실제적인 악과 죄를 범하게 만들 수 있기 때문입니다. 그리고 그 결과적인 아픔을 평생 간직하며 여생을 힘들게 살아가게 하는 원인이 됩니다. 이것을 '사회 학습'이라고 말합니다. 그러므로 지금의 이런 사회 분위기는 우리나라 미래 꿈나무들의 마음과 삶 속에 큰 피해를 줄 수밖에 없습니다.

대중매체 뿐 아닙니다. 사회 및 교회의 지도층에 계신 분들의 언행심사 혹은 삶의 방식 등은 수많은 국민과 교인들에게 지대한 영향을 끼칩니다. 우리는 지금까지 하나님과의 관계에 집중하며 그 결과에 큰 관심을 두고 신앙생활한 면이 있습니다. 이제는 한 걸음 더 성화되어 자신을 통하여 가족 및 교인들이 받을 영향과 그 결과를 예상해야 할 시기입니다. 하나님께서 이 분야에 관심과 기도를 기울이는 분에게 결단의 마음과 행할 능력을 주실 것입니다.

선생님, 이번에는 탄내가 나네요

성품이 참으로 무던한 한 자매가 있었습니다.

코가 너무나 낮고 약간 휘여진 그 자매의 소망은 성형수술을 받는 것이었습니다. 드디어 그 꿈이 이뤄졌습니다. 부분 마취를 하고 코 수술을 받고 있는데 자매에게 이상한 일이 생겼다고 합니다. 마취를 했으면 잠이 와야 하는데 영 잠이 오지 않더라는 것입니다. 자매는 할 수 없이 집도하는 의사에게 "선생님, 잠이 안 와요!"라고 말씀 드렸답니다.

그러자 의사 선생님께서 다시 마취 주사를 약하게 주입하였습니다. 조금은 몽롱하기는 했는데 이제는 이상한 냄새가 나더라는 것입니다. 코뼈를 깎는지 좀 느끼한 냄새를 맡으며 그 자매가 이렇게 말씀드렸다는 것입니다. "선생님, 이번에는 탄내가 나네요?"

사람의 성품은 사람의 지문만큼 다양합니다. '무지개매너 성품'을 지닌 분이 있습니다. '무지, 개매너'의 성품입니다. '갈비 성품'도 있습니다. '갈수록 비호감'인 사람입니다. '금사빠 성품'도 있습니다. '금방 사랑에 빠지는 성품'을 가진 분이십니다. 특히 '특공대 성품'도 있습니다. '특별

히 공부를 잘하는 것도 아닌데 머리만 크고 아는 척하며 따지기를 좋아하는 성품'입니다.

그 사람의 성품은 그의 두 번째 이름과 같습니다. 그리고 성품은 제2의 천성입니다. 예수님은 우리들에게 "온유한 자는 복이 있다!"고 선포하셨습니다. 온유한 성품이란 첫째, 갈고리처럼 긁어내는 것이 아니라 솥뚜껑처럼 덮어주는 성품입니다. 둘째, 강하지만 절제 있는 성품입니다. 태권도 고수는 강하지만 절제할 줄 압니다. 골프 고수도 실력이 있으나 순간순간 자신을 절제할 줄 압니다.

한국 속담에 "태산은 한 줌의 흙도 마다하지 않기 때문에 크고, 바다는 실개천도 가리지 않기 때문에 깊다"라는 말이 있습니다. 그러므로 성도라면 이제는 덮어 주고 품어 줄 대상과 사건이 무엇인지를 묵상해 보아야 합니다. 그리고 물론 자신이 밀어 붙여도 상관이 없는 상황이나 그럼에도 불구하고 절제해야 할 사람과 일이 무엇인지를 묵상해 보는 것이 하나님의 자녀의 성품일 것입니다. 탄내가 난다고 말했던 그 자매만큼은 아니더라도 말입니다.

올 한해 거절하지만 않으면 지혜와 총명의 성령님께서 성도님이 어떻게 행하여야 할 것을 깨닫게 하실 것입니다. 물론 복은 받는 것입니다. 그러나 때론 그 복을 받을 수 있는 그릇을 만드는 것도 중요합니다. 복 받을 그릇은 본인의 성품과 밀접한 관계가 있습니다.

쉿, 들으실라… 조용!

사형집행관이 사형수에게 질문하였습니다. "마지막 소원을 말하시오!" 그러자 사형수는 침착한 목소리로 "예, 시원한 냉수 한 그릇 마시고 싶소!"라고 대답하였습니다. 소원대로 냉수를 꿀꺽 꿀꺽 다 마신 사형수는 만족한 목소리로 이렇게 이야기했다는 것입니다. "야! 이제 살 것 같다!"

살인강도 전과가 있는 사람이 어느 교인 댁에 들어와 칼을 대며 "돈 있는 것 다 내놔! 만일 내 놓지 않으면 죽을 준비를 해라!"라고 위협하였습니다. 그러자 그 교인이 살고 싶은 마음에 이렇게 대답하였다는 것입니다. "우리 집에는 죽은 없고 밥만 있는데요, 그럼 밥이라도…"

한 마디 더 생명애착에 대한 이야기를 들려드리고 싶습니다. 95세 된 할머님이 99세 된 할아버지에게 이런 말씀을 하셨답니다. "여보 영감, 우리가 이토록 오래 살고 있는 것을 보니 필경 염라대왕이 우리 부부를 아주 잊어버린 것 같아요, 그렇죠?" 그러자 누워 있던 할아버지가 벌떡 일어났습니다. 그리고 놀란 표정으로 주위를 살펴본 후 자기 입에 손을 대며 이렇게 말씀하셨다는 것입니다. "쉿, 들으실라… 조용!"

때론 연세 많으신 어르신께서 "이만큼 살았으면 됐어, 더 살라고 기도하는 것은 내게는 욕이야 욕!" 말씀하시기도 합니다. 그 때 "예, 맞아요, 어르신께서는 우리나라 평균 여자수명보다 9년을 더 사셨는데요. 그러니 오늘 죽더라도 원이 없으시죠?"라고 대답한다면 그것이 욕입니다. 불효입니다.

제가 어느 어르신에게 "앞으로 9988124 하셔요!"라는 덕담을 하였습니다. 잘 아시죠? "99세까지 팔팔(88)하게 산 후 하루(1) 이틀(2) 아프다 돌아가세요(4)!"라고 말씀 드렸습니다. 그러자 그 어르신 말씀이 "9988은 좋은데 124는 싫어요. 하루 이틀이 아니라 한 달 정도는 더 살면서 보고 싶은 사람들과 작별 인사한 후 죽고 싶어요."라는 것이었습니다. 그 말씀을 들으면서 저는 다시 한 번 인간에게 있는 생명의 애착을 볼 수 있었습니다.

그리고 성경이 전하는 장수의 비결 몇 가지를 찾아 발견하였습니다.

1. 하나님을 경외하는 삶입니다. "여호와를 경외하면 장수하느니라"(잠10:27).
2. 탐욕을 미워하는 삶입니다. "탐욕을 미워하는 자는 장수하리라"(잠 28:16).
3. 효도하는 삶입니다. "네 아버지와 어머니를 공경하라… 이는 네가

잘되고 땅에서 장수하리라"(엡6:2-3).

4. 자비로운 삶입니다. "새의 보금자리에서 새 새끼나 알이 있고 어미 새가 그 새끼나 알을 품은 것을 만나거든 어미는 반드시 놓아 줄 것이요 새끼는 취하여도 가하니 그리하면 네가 복을 누리고 장수 하리라"(신22:6-7).

물론 궁극적으로 장수의 복은 우리가 만드는 것이 아닙니다. 하나님 이 주셔야 받을 수 있는 것입니다. 그러나 진정한 장수는 예수님 믿고 영생하는 것입니다(마25:46). 비록 평균 수명보다 못 사셨다 하더라도 말입니다.

우리는 반사체입니다

전방부대에 신병이 들어오자 고참 한 명이 "야, 너 여동생이나 혹은 누나 있냐?"고 물어봤습니다. 군기가 바짝 든 신병, "옛! 이병 홍길동! 누나가 한 명 있습니다!" "그래, 몇 살이냐?" "옛! 24살입니다!" "야… 하~ 그래? 예쁘냐?" "옛! 무지 예쁩니다!" 그러자 내무반 안의 병사들의 시선이 신병에게 확 쏠렸습니다. 그리고 심지어 가까이 모여 든 고참들 중에 한 명이 "니 누나 키는 몇이냐?" 물어보는 것이 아닙니까?

"옛! 170입니다!" 그러자 옆에 있던 다른 고참이 자기도 신병 누나에게 정말 관심이 많다는 표정으로 "몸짱이냐? 얼짱이냐?" 물어보자, "옛! 미스코리아 뺨칩니다!" 그 때 전역을 얼마 남기지 않은 왕고참이 빙그레 웃으면서 "넌 오늘부터 이 시간부터 내무반에서의 생활이 활짝 폈다. 내무반원들 잘 들어라! 오늘부터 이 녀석을 건드리는 자는 내가 가만히 두지 않을 것이다! 알았나? 자, 이제 넌 나와 좀 깊은 이야기를 하자꾸나!"

그러더니 왕고참이 작은 목소리로 이런 질문을 하는 것이 아닙니까? "야~ 근데 네 누나 가슴은 어떠냐? 크냐?" 그러자 역시 군기 든 목소리로

"옛! 큽니다!" 갑자기 내무반에 정적이 흘렀습니다. 그 왕고참도 믿기지 않는 다는 표정으로 "어? 네가 그것을 어떻게 알아? 임마, 네가 봤어?" 하자 더욱 소리 높여 이렇게 대답하였다고 합니다. "옛! 어린 조카 젖 줄 때 잠시 봤습니다! 그래서 조금은 압니다!"

그 신병 그 날 밤 제대로 잠이나 잤을까 의문이 생깁니다. 물론 예외도 있으나 군에서의 관심은 아마도 제대날짜와 여자일 것입니다. 반면 현대를 살아가는 국민들의 관심은 아마도 돈과 명예일 것입니다. 우리는 실과 바늘처럼 돈이 있으면 명예는 당연히 따라 온다는 생각의 지배를 당하고 있습니다. 그래서 한 때 젊은 사람들 사이에 '10억 만들기'가 유행되기도 하였습니다. 10억을 만드는 비법이 담겨 있는 책들은 거의 모든 서점에서 베스트셀러가 되기도 하였습니다.

그러나 그 비법대로 10억을 만든 사람은 거의 없었습니다. 도리어 그 '10억 만들기 우상'을 숭배했던 우리 젊은이들은 결국 두 가지를 잃고 말았습니다. 첫째, 소중한 관계인 친구와 가족, 심지어 부모를 잃게 되었습니다. 수전노 또는 비상식적인 삶을 살아가다 자기 주위의 많은 사람을 잃게 되었습니다. 둘째, 결코 원치 않았지만 결국 투기꾼이 되는 아픔을 겪게 되었습니다. 10억을 만들기 위해 10년 동안 매달 700만원에 가까운 돈을 저축해야 하는데 정상적인 수입으로는 불가능 하였습니다.

그래서 할 수 없이 부동산 투기, 혹은 잘못된 목적으로 주식에 손을

대기 시작합니다. 그러나 그런 개미들은 결국 큰 손해를 보게 되었고 자기 예상과 달리 더 많은 것을 잃어버리고 말았습니다. '두바이'가 '굿바이'가 되듯이 말입니다. 그러면 기독청년, 기독교인의 관심은 무엇이 되어야 합니까? 우리의 관심과 목표는 우리를 창조하시고 구원하신 후 여기까지 인도하신 하나님의 영광을 나타내기 위함입니다. 하나님의 영광을 나타낸다는 뜻은 우리의 삶을 통하여 하나님을 선하게 반사시키는 것을 말합니다. 즉 하나님은 발광체이고 우리는 반사체가 되어야 합니다. 우리는 그 특별한 목적 때문에 좀 가난해 질 수도 있고 병들 수도 있습니다. 때론 명예와 권세가 다른 이들보다도 뒤처질 수도 있습니다. 혹 노후대책이 부실해 질 수도 있습니다. 그러나 진정한 성도는 그럼에도 불구하고 감사하며 살아갑니다. 그 이유는 자신을 통하여 다른 이들에게 하나님과 영생이 전해지기 때문입니다. 동시에 하나님께서 자신의 삶을 전적으로 책임져 주실 것을 믿기 때문입니다.

원칙과 재치

"옛날 목사님들이 제일 싫어하는 설교 대상은 목사님들이나 장로님들이었습니다. 워낙 설교를 많이 하셨거나 많이 들으신 고수들이기 때문입니다. 그래서 할 수 있거든 그런 대상들이 있는 모임에 가서 설교하기를 진짜 싫어했습니다. 그러나 지금 목사님들은 서로 먼저 목사님 장로님들 앞에서 설교하려고 합니다. 그 이유가 무엇인지 아세요? 이제는 그 분들이 아예 설교를 들으려고 하지 않기 때문에 너무 편하고 부담이 없다는 것입니다!"

목회를 한 지 약 30년이 넘은 목사님 부부를 모시고 설교를 시작하던 강사 목사님께서 던진 이 재치 있는 말 한 마디는 놀라운 효과가 있었습니다. 그 분의 설교가 마칠 때 까지 한 분도 움직이는 일 없이 경청하게 되는 동기가 되었습니다. 웃음과 재치는 상대방의 기분을 좋게 만들고 마음의 문을 열게 만듭니다.

연극이 한참 진행되고 있었습니다. 이제 주인공이 강으로 뛰어 드는 장면이 되어 무대 뒤로 뛰어 내렸습니다. 그 때 음향 담당자는 욕조에

있던 물에 큰 돌을 집어 던져 "풍덩!"하는 소리를 내어야 했습니다. 그런데 효과 담당자가 잠시 졸았었는지 뒤늦게 이런 소리가 들리고 말았습니다. "쿠~웅!"

너무 예상치 못했던 순간이라 관객이나 무대에 있던 나머지 배우들도 아무 말을 못하였습니다. 너무 칙칙한 침묵이 잠시 흐르던 그 때 무대 뒤에서 주인공이 이렇게 중얼거리는 소리가 들렸습니다. "어허! 이놈의 강이 꽁꽁 얼어 붙어버리고 말았네!" 그러자 객석에서 웃음과 함께 큰 박수가 나왔고 무대에 선 연기자들의 얼굴에도 웃음꽃이 피게 되었습니다. 재치는 엉망이 될 뻔한 연극을 살리고 많은 이들의 마음속에 여유와 이해심을 자극하는 귀한 양념입니다.

성질이 불같은 할아버지가 사 오신 과일이 맛이 없다며 문을 박차고 나가셨습니다. 가족들은 그 날 밤이야 말로 과일가게 아주머니 제삿날이라고 생각했습니다. 그런데 들어오시는 할아버지 모습에 모든 가족이 놀라고 말았습니다. 환한 웃음에 과일을 한 봉지 더 들고 오시는 것이었습니다. 사연인즉 할아버지가 그 과일가게 여주인에게 호통을 쳤더니 그 아주머니는 금방 밝은 웃음으로 이렇게 대답하더라는 것입니다.

"할아버님, 제가 맛있는 과일이라고 했죠? 장사꾼의 이야기를 그대로 다 믿는 사람이 세상에 어디 있어요? 참 순진도 하셔라……." 그러더니 할아버지가 가져 온 과일을 하나 들어 먹어보더니 이렇게 넉살 좋은 이야기를 하였습니다. "이 녀석은 젊은 내가 먹어봐도 맛 없는데 할아버님

이야 오직 하셨겠어요?" 어안이 벙벙해진 이 할아버지에게 그 아주머니는 아무 불평 없이 더 탐스러워 보이는 과일을 담아 주었습니다.

그 모습과 말에 기분이 좋아지고 마음의 문이 열린 이 활화산 할아버지는 더 이상 호통을 치지 못한 것 뿐 아니라 도리어 다른 과일들을 한 봉지 더 사 오셨던 것입니다.

너무 경직된 바리새인들에게는 사람들이 접근하지 않습니다. 그러나 재치와 웃음이 계셨던 주님에게는 참 많은 사람들이 찾아와 그 그늘 밑에서 쉼을 얻었습니다. 성도님은 범사에 원칙주의자입니까? 아니면 원칙과 재치가 겸비된 작은 예수이십니까?

익숙한 절망보다 불편한 희망을 향하여……

부잣집 자매가 가난한 가정의 형제를 사랑하였습니다. 그 자매는 형제의 신앙심이 대단하여 그것을 믿고 장로인 아버님께 소개하기 위해 집으로 데려갔습니다. 그녀의 아버지는 몇 가지를 형제에게 물어보았습니다. "앞으로 삶의 계획은 무엇인가?" "예, 저는 훌륭한 신학교수가 되려고 합니다!"

흐뭇한 마음에 미소를 머금고 장로님은 이렇게 대답하였습니다. "좋은 소망이군. 그러나 공부하는 동안 내 딸이 너무 고생할 것 같아 한편 마음이 아프다네." 그 형제 대답입니다. "하나님께서 도와주실 것입니다!" "그렇지, 그러나 혹 결혼할 최소의 비용이라도 있는가?" "예, 하나님께서 역사하실 것입니다!" "좋아, 그러면 결혼 후 아이들은 어떻게 양육할 계획인가?" "예, 하나님께서 인도하실 것입니다!"

"그래? 그러면 신학공부는 어떻게 할 계획인가?" "예, 하나님의 은혜로 졸업하게 될 것입니다!" 그 형제가 돌아간 후 자매의 어머님께서 궁금한 마음에 남편 장로님에게 "어때요, 그 청년 말이에요?"라고 말씀드리자 이렇게 대답하더라는 것입니다. "그 놈 말이야, 날 하나님으로 생각하는 것 같아!"

우리는 어렸을 때 초등학교에서 이런 교과서 내용을 읽으며 자랐습니다. "철수야, 놀자. 영희야, 놀자. 바둑아, 너도 나와 놀자!" 그 결과인지 몰라도 제 또래 뿐 아니라 일부 젊은 기독청년들도 삶의 계획이 구체적으로 없는 사람이 적지 않은 듯합니다. 일명 거룩한 백수들, 혹은 백조들입니다. 그저 먹고, 놀고, 돈 떨어지면 다시 부모님에게 의지하는 기독청년들에게 성경은 이렇게 권면합니다.

"게으른 자여 네가 어느 때까지 눕겠느냐 네가 어느 때에 잠이 깨어 일어나겠느냐 좀 더 자자, 좀 더 졸자, 손을 모으고 좀 더 눕자 하면 네 빈궁이 강도 같이 오며 네 궁핍이 군사 같이 이르리라"(잠6:9-11). 예수님은 공중 나는 새를 보라 하셨지 나뭇가지에서 노닥거리는 새를 보라고 말씀하지 않았습니다. 또한 교회에서 구하였으면 나가서 찾고 두드리라고 권면하고 있습니다. 노동과 노력은 신성한 것입니다. 최고가 아니더라도 최선은 다해야 합니다.

그렇지 않은 기독청년에게는 결국 허풍만 늘 것입니다. 실력과 경쟁력이 없으면 말만 풍선처럼 커지다가 결국 터져 버리기 때문입니다. 쥐들이 모여 회식을 하였는데 술을 못하는 녀석이 몇 잔에 만취되고 말았습니다. 집에 가다가 마침 고양이를 만나게 되었는데 "너, 고양이~ 잘

만났다! 오늘이 드디어 네 제삿날이다! 넌 죽었어!"라고 허풍을 떨었습니다.

고양이는 어이없어 그저 한 마디를 던졌습니다. "그래? 오늘은 그냥 지나가. 그러나 술 깬 후에 어디 보자!" 그러자 이 만취한 쥐새끼가 이렇게 소리쳤다는 것입니다. "또 술 먹으면 되지! 어쩔래?" 그 녀석 그 날 저녁 무사히 집에 들어갔는지 모르겠습니다. 그런 허풍 속에는 물론 절망이 들어 있을 것입니다.

그러나 이제라도 우리는 익숙한 절망보다 불편한 희망을 향하여 다시 전진하는 결단이 있어야 합니다. 그리하면 생각보다 빨리, 때론 늦을 수도 있으나 결국 확실한 소망을 보게 될 것입니다. 하나님은 살아계십니다. 우리와 임마누엘 하십니다. 지금도, 여전히, 동일하게……

임진왜란 때 죽었다

여름 휴가철에 두 자매가 시골을 여행하던 중이었습니다.

어느 호숫가 곁에 그림 같은 펜션이 있어 사진을 찍으러 가던 중 노인을 만났습니다. 호숫가 가까이에 흔들의자에 앉아 있는 그 어르신 모습이 너무 보기 좋아 인사를 드렸습니다. "어르신, 참 행복한 노년을 보내시는 것 같습니다. 그렇게 장수하며 사시는 비결이 계시다면 가르쳐 주시겠습니까?"

그 노인은 별로 반갑지 않은 표정으로 이렇게 대답하였습니다. "뭐, 특별한 비법은 없어요. 저는 하루에 담배를 세 갑이나 피우고요." "어르신, 말씀 낮추세요. 저희들은 겨우 20대인데요." "아니에요. 계속 들어보세요. 담배 뿐 아니라 일주일에 소주는 한 상자, 맥주는 두 상자나 마신답니다. 게다가 음식은 기름진 인스턴트 식품을 주로 먹으며 운동은 하는 것이 거의 없어요."

"그러시는데 어찌 그리……. 실례가 되는지 알지만요, 혹 연세가 어떻

게 되시나요?" "예, 얼마 되지 않았어요. 스물아홉입니다……." 보편적으로 이런 무절제한 사람의 성격은 자신을 폄하하면서 동시에 편안함을 느끼는 것입니다. "나 같은 인생은 원래 태어나지 말아야 할 존재였는데……." 혹은 "나는 무슨 노력을 해 봤자 결국 안 될 운명인데……."라고 말합니다. 그러면서도 편안함을 느끼는 성품입니다.

솔직히 말씀드리면 스스로 비극의 주인공 척 합니다. 그러면서 편안함과 자기 행위의 정당성을 스스로 주장합니다. 그러나 기독교인으로서의 몸 관리는 결코 그렇지 않아야 합니다. 유교에서는 몸은 부모님을 통해 주어진 것이나 기독교에서는 하나님께서 허락해 주신 것이기 때문입니다(고전6:19). 하나님이 주신 것을 잘 관리하여 하나님의 사역을 위해 사용해야 하기 때문입니다.

나태하고 게을러 늘 건강관리를 미루다가 그만 25살에 세상을 떠난 청년이 있었습니다. 그런데 80이 훨씬 넘으신 어르신께서 역시 죽어 내세의 길을 걷다가 그 청년을 만났다고 합니다. 그런데 그 녀석이 어른에게 인사도 안하고 힐끔 쳐다보면서 "늦게 오는구먼!" 반말을 하는 것이 아닙니까? 그 어르신은 순간 너무 화가 나서 그 청년을 붙잡고 호통을 쳤습니다. "야! 이 녀석아! 너는 위아래도 없고 부모도 없냐? 누구한테 반말이야? 건방지게……." 그러자 이 청년이 한 마디 던지고 그 자리를 떠났는데 노인께서 아무 대답을 못하셨다고 합니다. "난 임진왜란 때 죽었다. 그것도 건강관리를 하지 않아 20대에 말이다! 왜? 어쩔래?"

그게 무슨 자랑입니까? 이제 우리는 또 한 번 자기 자신 건강관리의 부족한 원인을 찾을 때가 아닙니다. 해결지향적인 결단이 필요할 때입니다. 물론 우리들의 건강관리의 등불을 우리 스스로 꺼트릴 때도 있습니다. 그러던 중, 다른 사람이 건네 준 불꽃으로 다시 점화될 수도 있습니다. 제가 이 시간 그 불꽃을 전해 줍니다. 다가와 재점화 하시고 실천하여 성공하는 오늘이 되시기를 원합니다. 예를 들어 만보계를 오늘 당장 구입한 후 걸어보는 것입니다.

자기보다 남을 낫게 여기고

한 남자가 시골 길을 가다가 놀라운 장면을 보게 되었습니다. 한 쪽 다리에 의족을 한 돼지가 있는 것이 아닙니까? 곁에 있는 농부에게 돼지가 의족을 한 이유를 물어 보았더니 이렇게 대답하더라는 것입니다. "이 녀석은 보통 돼지가 아니랍니다. 몇 달 전 돼지우리에 불이 나서 우리 집까지 번질 때 소리를 크게 질러 식구들을 깨우지 않았습니까? 게다가 재빨리 다른 동물들을 인솔하여 피신을 도와주었답니다."

나그네는 "아, 그 때 돼지가 다리를 다쳤구먼요?"라고 하자 아니라고 손짓하며 이야기를 이어갔습니다. "그 후에 내가 뒷산에서 나무를 하고 있는데 갑자기 곰이 나타나지 않았습니까? 그 때도 이 돼지가 슈퍼맨처럼 나타나 그 곰을 쫓아내었답니다. 믿어지십니까?" 나그네는 "그럼, 그 때 돼지가 다리를 다쳤습니까……?"

"아닙니다. 더 들어보세요. 얼마 전에 내가 경운기를 타고 가다가 전복되어 깊은 진흙탕에 빠져 허우적거릴 때 역시 이 돼지 녀석이 스파이더맨처럼 나타나 나를 그 곳에서 끌어내어 주지 않았습니까? 무어라 말할 수 없을 정도로 나에게 소중한 돼지랍니다." 나그네는 이제 확신에 찬 목소리로 "아~하! 그 때 다리를 다쳐 의족을 한 것이네요!"라고 말하였더니 정말 엉뚱한 대답을 하더라는 것입니다. "아니죠, 당신이라면 그런 좋은 돼지를 한 번에 잡아먹겠습니까? 조금씩 먹어야지요. 얼마나 아까운 녀석인데……."

주인에게 충성한 돼지가 의족을 한 이유는 바로 주인이 그렇게 요리해 먹은 까닭이었습니다. 이 이야기 속에서 현대인들의 생각과 삶을 조명해 볼 수 있습니다. 지금은 자신에게 그렇게 잘 해 주는 사람도 자신의 유익과 성공을 위해 가차 없이 제거해 버리는 시대입니다. 생존경쟁이 아니라 생존전쟁시대입니다. 죽기 아니면 살기입니다. 그래서 땅 투기꾼과 인신매매 범들을 7자로 줄여서 '땅 팔자 사람 팔자'라고 합니다. 이런 극단의 개인 이기주의 흐름이 팽배한 이 시대 속에서 우리는 기독교인으로 살아가야 합니다.

"아무 일에든지 다툼이나 허영으로 하지 말고 오직 겸손한 마음으로 각각 자기보다 남을 낮게 여기며"(빌2:3) 살아가야 합니다. 어떻게 자기보다 남을 낮게 여길 수 있겠습니까? 그러다간 이 세상 흐름 속에서는 결국 인생 조난을 당하고 말 것인데 말입니다. 결국 잊힌 사람이 되고 말 것인데 말입니다. 그러나 하나님의 아들이신 주님께서 남을 더 낮게 여기는 길을 택하셨다면 우리들이야 더 그러해야 하지 않겠습니까? 전혀 겸손해야 할 이유가 없으신 예수님께서 겸손하셨다면 겸손해야 할

이유가 너무 많은 우리들은 더욱 그리해야 하지 않겠습니까?

겸손하신 예수님은 우리에게 그 증거를 십자가에서 보여 주셨습니다. 우리를 향한 사랑이 그를 십자가로 데려가셨습니다. 금은 금인데 도둑 고양이에게 제일 어울리는 금은 '야금야금'이라고 합니다. 많은 사람들이 도둑 고양이처럼 자기 주위에 있는 충성된 돼지의 족발을 야금야금 먹은 후 긍휼을 베푸는 척하며 의족을 끼워주는 이 시대입니다. 그 한가운데 우리 기독교인들은 그럼에도 불구하고 그들을 사랑하기에 십자가를 기꺼이 져야 합니다. 그들의 영혼구원을 위해 남을 나보다 낫게 여기며 섬김의 보따리를 풀어 놓아야 합니다. 그 결과 한 사람 한 사람이 예수님께 돌아와 그의 제자로서의 고백과 삶의 변화를 받게 해야 합니다. 그런 민족 복음화만이 우리나라가 전 세계를 향하여 제사장의 사명을 계속 감당할 수 있는 지름길입니다. 이 제사장적 선교사명 때문에 하나님께서 우리나라를 아직도 손에서 놓지 못하고 있음을 영의 눈으로 보시기를 바랍니다.

저는 저녁 먹은 후에는 일하지 않습니다!

군에서 작대기 하나인 이등병이 되는 것은 참으로 힘든 과정입니다. 훈련소에 갓 입대한 병사들에게 교관은 이렇게 명령을 하였습니다. "이곳은 군대니 이제부터 너희들은 사회인이 아니다! 그러니 제일 먼저 군대 밖에서 쓰던 말투를 버리고 나의 모든 질문을 대답할 때는 '다, 나, 까'로 응답하라! 제군들, 무슨 말인지 알겠나?"

훈련병들은 교관의 지시대로 "알겠다!" 소리쳤습니다. "다"로 대답하라고 했으니까… 그러나 그 교관은 반말을 하는 훈련병들에게 버럭 화를 내며 "다시 한 번 반복하여 명령한다! 내 모든 명령에 꼭 '다, 나, 까'로 대답해야 되는 것 확실히 알겠나?" 그러자 이미 군기가 확실히 든 모든 훈련병들은 큰소리로 일제히 이렇게 대답하였다고 합니다. "알았다니까!" 말은 메아리치는 것입니다. 상대를 위해 무엇을 말하며 베푸느냐에 따라 그대로 내게 되돌아 오는 것입니다.

어느 시골 마을에 욕심 많은 부자가 있었습니다. 그는 일꾼이 밥을 먹기 위해 잠시 일을 하지 않는 것이 늘 마음에 안 들던 중, 어느 날

아침 식사 후 일꾼에게 이렇게 말하였습니다. "자네가 이렇게 아침을 먹은 후 일하다가 다시 점심을 먹으러 집으로 돌아오는 것이 귀찮겠다는 생각이 드네. 그래서 말인데, 지금 점심까지 먹고 들에 나가 일하는 것이 어떤가?" 그 일꾼은 좋은 생각이라 여기며 맛있게 한 그릇을 더 먹었습니다.

그러자 이 욕심쟁이 부자 주인은 그 일꾼이 배가 너무 불러 더 이상 먹기 어려울 것을 예상하며 또 이런 제안을 하였습니다. "그래, 정말 밥을 잘 먹는구먼! 이왕에 식탁에 앉았는데 내친김에 저녁까지 먹고 나가는 것이 어떤가?" 그러자 그 일꾼은 주인 양반의 뜻을 거절할 수 있는 자기 입장이 아니라는 것을 알고 그렇게 하겠다고 하였습니다. 그러나 이번에는 정말 먹기 힘들었기에 그저 먹는둥 마는둥 하며 식사를 마쳤습니다.

그 때 주인은 흐뭇한 표정으로 일꾼에게 "자! 이제 세끼를 다 먹었으니 들에 나가 하루 종일 쉬지 않고 일이나 하게나!" 지시하자 그 배부른 일꾼이 이렇게 대답하였다고 합니다. "주인님, 저는 저녁식사를 끝낸 후에는 일을 하지 않습니다! 주인님도 신년 초에 저에게 일년 계획을 말씀하실 때 그렇게 하라고 하셨잖아요!" 사람이 그 누구에게 사랑과 물질을 베푸는 것은 쓸데없는 소비일까요? 아니면 투자가 되어 때가 되면 내게로 돌아올까요?

어떤 것을 선택하느냐에 따라 성도님의 인생과 운명은 달라질 것입니다. 참된 제자의 삶은 늘 누구를 가르치거나 명령만 하는 것이 아닙니다. 몸소 자신의 삶과 진실된 마음으로 상대방을 깨닫게 하며 움직이게 하는 것입니다. 혹 자신이 다른 사람보다 좀 더 돈이 있고 명예와 학식이 있다면 더욱 그리해야 할 것입니다. 그것만이 이 세상을 동물의 왕국에서 예수의 계절로 바꿀 수 있는 큰 비결입니다.

우리들의 얼굴이 전도지가 되는 삶이 필요한 시대입니다. 우리들의 표정과 눈빛은 그 어느 말보다 많은 의미를 담을 수 있기 때문입니다. 동시에 우리 가정이 불신 주의 사람들에게 작은 교회처럼 보이는 것이 중요한 것은 기독가정은 움직이는 교회이기 때문입니다. 성도님이 큰 소리로 예수 천당, 불신 지옥을 외치지 않아도 상대방이 교회 다니고 싶어지게끔 하는 좋은 삶을 만들어 가시기를 소망합니다.

5

언어생활

거짓말은 전염병과 같습니다

　뺑소니 사고를 낸 어느 가수가 한 말이 유행어가 된 적이 있습니다. 변명이었습니다. "술은 마셨지만 음주운전은 하지 않았습니다." 그러자 네티즌들은 이런 패러디를 만들었습니다. "때리기는 했어도 폭행은 하지 않았습니다." "결혼은 했지만 아줌마는 아닙니다." "밥은 먹었지만 식사는 하지 않았습니다." 또는 "폭탄주는 마시지 않았지만 맥주잔 속에 든 양주잔을 빼어 마신 사실은 있습니다."

　몇 년 전 개그 프로 〈웃음을 찾는 사람들〉에서 "그 때 그 때 달라요~!" 라는 유행어를 퍼트렸습니다. 그 때 그 때 다르다는 말은 변명과 거짓말의 상징어입니다. 우리들의 말은 자신에게 꿀이 될 수도 있고 반대로 독약이 될 수도 있습니다. 거짓말, 이 녀석은 결국 자신을 서서히 죽이는 독약이 될 수 있습니다.

　거짓말이란 사실을 사실과 다르게 말하므로 타인을 속이는 언어입니다. 성경은 거짓말을 멀리하며(출23:7) 거짓 증거하지 말라(출20:16)고 증거합니다. 심지어 거짓 증거는 패망의 앞잡이가 되므로(잠21:28) 거짓

을 버리라(엡4:25)고 권면합니다. 그런데 거짓말은 어린 아이보다 어른들이 더 잘합니다. 또한 갓 은혜 받은 교인보다 오래 믿은 교인이나 중직자가 더 할 수 있습니다. 가장 진실에 가깝도록 말하는 거짓말이 가장 큰 거짓말인데 이런 말을 새가족보다 교회 오래 다닌 분들이 더 잘 할 확률이 있습니다.

어느 주일 오후시간이었습니다. 목사님께서 주일학교 예배실에 들어가 보았더니 두 어린 학생들이 말다툼을 하고 있었습니다. 이유를 물어 보았더니 누가 이 초코파이 한 개를 차지할 것인가 내기를 하고 있는 것입니다. 즉 제일 큰 거짓말을 하는 어린이가 먹기로 했는데 서로 자기 거짓말이 더 큰 거짓이라고 우기는 것이었습니다. 지혜로운 목사님은 그들의 말다툼을 끝내고 싶어 이렇게 말씀하였습니다.

"너희들 뭘 모르는구나! 목사님은 정말 대단한 사람인데 나는 태어나서 오늘까지 단 한 번의 거짓말도 한 적이 없단다!" 그랬더니 주일학생 두 녀석이 어이 없다며 서로 쳐다보더니 일제히 이렇게 말했다는 것입니다. "이 초코파이 한 개가 아니라 박스 채 다 가져가세요!" 거짓말은 마치 전염병과 같습니다. 때론 염병처럼 자신의 모든 것을 빼앗아 가 버립니다.

만일 당신이 거짓말을 하면서도 인생과 신앙생활을 잘 경영하려거든 한 가지 조건이 충족되어야 합니다. 그것은 비상한 기억력을 가져야 합니다. 그러나 한 가지 거짓말은 그것을 위해 또 다른 거짓말을 요구합니다. 그리고 줄줄이 사탕처럼 계속 거짓말을 요구하다가 결국에는 드러나며 큰 아픔을 겪게 하기 때문입니다. 도리어 힘들더라도 그 사실을 솔직하게 인정해야 합니다. 그리고 사과하며 용서를 구하는 것이 더 좋습니다.

사람이 미술 실력이 형편 없으면서도 미술을 열렬히 좋아할 수 있습니다. 마찬가지로 때론 솔직해지므로 잠시 형편 없는 취급을 당할 수 있으나 예수님을 향한 뜨거운 기도와 사람 앞에서 회개의 열매가 있다면 분명 좋은 결과를 얻게 될 것입니다. 그리고 회복 후의 기쁨을 맛보게 될 것입니다.

공통점을 찾아 대화하세요

윤리 도덕을 중요시하는 시골 어르신이 계셨습니다. 명절에 고향으로 내려 온 대학생 손자에게 삼강오륜에 대하여 말해 보라 하였습니다. 그러자 조금도 지체 없이 이렇게 대답을 하였다고 합니다. "삼강은 낙동강, 압록강, 한강이며 오륜은 리어카, 자전거, 용달차, 오토바이, 그리고 승용차 아닙니까?" 그러자 할아버지는 "?!" 대화가 되지 않는 손자입니다.

정말 대화가 되지 않는 또 다른 손자가 있었습니다. 그런데 때가 되었는지 그 손자도 결혼을 하게 되었습니다. 그 집안 어르신께서 서울에 올라 오셔서 "정말 진심으로 축하하네. 그런데 도대체 누구와 결혼한 건가?" 주위를 두리번거리며 질문하였습니다. 그러자 이 손자가 대답하기를 "예, 어르신, 여자와 결혼하였습니다."라고 하였습니다.

"예끼, 이 사람아, 그럼 여자와 결혼하지 남자와 하는 사람도 있나? 정말 대화가 되지 않는 녀석이구먼!" 그러자 그 새신랑 손자는 눈을 흘기면서 이렇게 대답하였다는 것입니다. "어르신, 모르시는 말씀 마세요. 우리 누나는 남자와 결혼했잖아요!"

살다 보면 각종 모임에서 대화가 되지 않는 사람을 만나게 됩니다. 그와 몇 마디를 하고 나면 가슴이 답답하고 신경질이 날 것입니다. 그리고 다시는 만나고 싶지 않을 것입니다. 그러나 성도들은 그런 사람도 전도의 대상임을 잊지 말아야 합니다. 왜냐하면 우리는 그저 열심히 사는 사람이 아니요 목적을 가지고 살아가는 하나님의 자녀이기 때문입니다.

그 목적과 목표는 그의 영혼을 구원하는 것입니다. 그에게 축복의 통로요 천국의 통로 역할을 감당하기 위함입니다. 그러므로 대화가 되지 않는 사람을 대할 때 잊지 말아야 할 것 한 가지가 있습니다. 그것은 자신과 그 사람 사이에 있는 차이점을 중점적으로 보는 것이 아닙니다. 공통점을 찾아 대화의 물고를 틀 줄 알아야 합니다. 전도할 목적을 가지고 유심히 살펴보면 분명 공통점이 있습니다.

그 손자와 할아버지 사이에 공통점이 있다면 고향을 소중히 여긴다는 것입니다. 또한 결혼에 대한 기쁨과 즐거움일 수 있습니다. 우리들에게는 취미, 기호, 남편, 아내 및 자녀문제, 그리고 건강 및 치료 방법 등 일 수 있습니다. 물론 정치문제와 출신 지역 이야기는 멀리해야 할 대화 내용입니다. 공통점을 찾기 보다는 더욱 멀어질 가능성이 많기 때문입니다.

특히 항상 다른 사람과의 대화를 싫어하지 않는 자신으로 만들어가야 전도의 열매를 하나님께 드릴 수 있습니다. 그리고 자신도 신앙체험 및 성장을 맛볼 수 있습니다. 그러기 위해 사람과의 만남을 좋아하고 그를 위하여 기도하기를 좋아해야 합니다. 경건한 성도는 영혼을 살립니다. 그리고 기도하는 전도자는 지치지 않습니다. 성령님께서 함께 하시기 때문입니다.

대화와 소통

돈 많은 부자가 어머니의 생신을 맞이하여 고민이 생겼습니다. 웬만한 것은 이미 다 선물하였던 까닭에 무엇으로 준비하여 감동을 드릴까 생각하던 중 특별한 소식을 듣게 되었습니다. 남아프리카에서 수입된 새이야기였습니다. 그 새는 훈련이 잘 되었고 참으로 영리하여 무려 150마디의 말을 할 수 있으며 3개 국어를 할 줄 아는 새라는 것입니다. 더놀라운 사실은 한국 가곡을 5곡이나 부를 줄 안다는 것이었습니다.

당연히 가격은 엄청나 약 삼천만원을 호가하였으나 효심 가득한 이아들은 기꺼이 그 새를 구입하여 퀵서비스로 보내 드렸습니다. 그 다음 날 배달이 잘 되었을까 궁금하였습니다. 어머님께서 얼마나 기뻐하셨을까 설레는 마음으로 전화를 드렸습니다. "어머니, 어제 배달된 그 새 어때요?" 그러자 어머니는 너무나 만족한 목소리로 이렇게 대답하더라는 것입니다. "그래, 고마웠다. 그런데 그 새 고기 참 맛있더라! 한 마리 더 부탁할 수 있냐?"

우리는 살아가면서 평범한 것이 가장 중요한 것이며 가장 중요한 것은 언제나 평범하다는 것을 잊지 말아야 합니다. 즉 평범이 비범을 낳습니다. 특히 인간관계에서 대화와 소통은 평범하며 당연한 것입니다. 그러나 이것이 제대로 이루어지지 않을 때 삼천만원짜리 새를 잡아 먹는 듯한 우매함을 보이며 피차 충격과 아픔을 받게 될 것입니다. 대화는 이해를 잉태하고 소통은 화합과 일치를 낳습니다. 그러나 상대방을 향해 빈정대거나 무시하는 대화는 대화가 아닙니다. 언어폭력입니다.

어느 판사가 한 피고인을 일곱 번씩이나 재판하게 되었습니다. "아니, 이 친구 또 만났네. 피고는 나를 이렇게 많이 보는 것이 부끄럽지도 않나? 그 긴 세월 동안 수많은 회복의 기회가 있었을 것인데 왜 거절하고 나를 일곱 번이나 만나는가?" 그 말을 듣고 있는 피고가 판사를 향해 이렇게 대답하였다는 것입니다. "판사님도 참 답답한 분이시네요. 지난 긴 세월 동안에도 승진 못하시고 저를 계속 만나는 것이 왜 제 탓입니까? 판사님 탓이지요." 소통이 아니라 불통입니다.

소통이 가능한 대화에는 기본적인 규칙이 있습니다. 그것은 '1.2.3 법칙'입니다. 내가 1분을 말했다면 2분 동안 상대가 말할 수 있는 기회를 주되 그 때 3번 정도 긍정하는 표현을 하라는 것입니다. 이는 그리 쉽지 않은 일입니다. 그 까닭은 우리는 민주화의 기쁨도 누렸으나 동시에 정치와 노사관계를 통하여 절대로 양보하지 않고 오직 자기주장만 진리인 것처럼 말하는 흐름에 이미 동화되고 말았기 때문입니다. 각 정당 대변인의 발표와 노사의 성명서는 항상 틀에 박혀 있습니다. 배려와 타협이

전혀 없는 짜증 그 자체입니다.

이제 이런 흐름의 마지막 희망은 교회요 교인입니다. 우리들이라도 자신의 의견과 주장만큼 상대방의 언행을 존중히 여기며 대화해야 합니다. 이해와 일치와 감동은 배려에서 오는 것이지 결코 자기주장 관철로 이루어지는 것은 아닙니다. 일반인은 그 누가 자신에게 행한 말과 일(to do)을 중심으로 그를 평가합니다. 그러나 기독교인은 그 사람의 존재 자체(to be)를 소중히 여겨야 합니다.

도저히 대화와 소통이 되지 않을 것 같은 사람이라도 그 분 역시 나처럼 분명 하나님 작품입니다. 즉 내 자신에게 좋은 언행을 보였기에 귀한 존재가 아닙니다. 그도 하나님 존전에서 귀한 존재이기 때문에 잘 섬길 때 교회가 변하고 세상이 변할 것입니다. 그리고 교회가 이 땅에 존재해야 할 이유를 비기독교인들이 알게 될 것입니다. 사람에 대한 배려가 하나님을 향한 경외의 열매입니다.

모든 혀가 하나님께 자백하리라!

초등학교 1학년 학생 두 명이 말다툼을 하고 있었습니다. 한 아이는 좀 지능이 부족하고 다른 아이는 똑똑한 아이였습니다. 다툼의 주제는 "4 x 7은 몇이냐?"하는 것이었습니다. 지혜가 좀 부족한 아이는 "27"이라 고집을 부리나 총명한 녀석은 "28"이 맞다고 소리를 질러대는 것이었습니다. 모든 반 학생들이 이 어처구니없는 모습을 보며 미진아를 탓하고 있었는데 마침 선생님께서 들어오셨습니다.

분위기가 심상치 않음을 아시고 선생님께서 이유를 물어보며 그 둘을 앞으로 나오게 하였습니다. 누가 정답이냐를 기대하는 두 아이와 반 학생들에게 선생님은 이렇게 대답하였습니다. "정답 여부와 상관없이 '28'이라고 한 철수가 벌을 받아야겠다!" "왜요? 제가 정답이잖아요?" "에이 녀석아, 다툴 친구와 다퉈야지……."

하나님의 자녀들이 다투거나 싸워야 할 대상은 사단과 마귀입니다. 그리고 반기독교적이요 적그리스도적인 사회 문화와 흐름입니다. 그러나 현대교회는 그 대상들보다 교회안에서 서로 다투는 모습이 너무 잦

아졌습니다. "포도주와 양주를 마시는 분이 어떻게 그런 직분을…?"이라며 음주문제로 다툽니다. "하나님께서 교인들에게 담배를 허락하였다면 코가 머리 맨 윗 쪽에 있어 굴뚝 역할을 해야 하는데…?"라며 흡연여부를 가지고 교인을 판단합니다. 과거 치명적인 아픔이 있는 그 여집사가 여전도회 회장을 한다면 나는 절대로 전도회에 가입하지 않을 것이라고 소리를 칩니다.

심지어 개나 소나 다 주교교사 혹은 찬양대원으로 들어와서 큰 일이라고 합니다. 늦게 교회에 등록한 교인이 오래된 자기보다 너무 앞서 간다면서 이렇게 투덜거립니다. "굴러 들어온 돌이 박힌 돌 뽑네!" 설교 경청하며 "아멘!"을 외치거나 찬양을 부를 때 열심히 박수를 치면 유별난 교인이라고 합니다. 우리 교회 전통에 맞지 않는다며 누가 세워 놓은 전통인지 밥통인지를 들먹입니다. 다툼의 대상을 잘못 알고 있으나 그것을 탓하기에는 한국교회의 권면과 징계의 능력과 권위가 이미 담 넘어간 지 꽤 오래된 것 같습니다.

그러나 이제라도 다툴 것을 가지고 다툴 줄 아는 성도가 되어야 합니다. 주님은 "평안의 매는 줄로 성령이 하나 되게 하신 것을 힘써 지키라"(엡4:3)고 말씀하십니다. 그러므로 우리가 하나되는 일에 방해되는 자신의 언행심사와 다툴 줄 알아야 합니다. 때론 자신의 두 마음과 싸울 줄 알아야 합니다. 신앙세계에서 제일 큰 적은 아마도 성도님들 자신일 것입니다. 옛 본성과 싸워 이겨야 할 시대임이 분명합니다.

내가 하나님이 되어서는 안 됩니다. 하나님만이 판단의 최종 주체임을 고백하는 언행이 필요한 시대입니다. "네가 어찌하여 네 형제를 비판하느냐 어찌하여 네 형제를 업신여기느냐 우리가 다 하나님의 심판대 앞에 서리라 기록되었으되 주께서 이르시되 내가 살았노니 모든 무릎이 내게 꿇을 것이요 모든 혀가 하나님께 자백하리라 하였느니라"(롬 14:10-11).

평일 장로님께서 사무실 현관에 서 계시는데 어느 젊은 아줌마가 오시는 것이었습니다. 아마도 무슨 일이 계셔서 오시는 모양이다 생각되어 사무실 문을 열어 주었더니 도도한 표정으로 "제가 숙녀라고 문을 열어 주지는 마세요!" 라고 말하는 것이 아닙니까? 그러자 장로님께서 밝게 웃으며 이렇게 대답하셨습니다. "당신이 숙녀라고 해서 문을 열어 드리는 것은 아닙니다. 제가 신사이기 때문에 열어드리는 것입니다!" 때론 교회 내외에서 당황을 넘어 황당한 사람들도 만날 수 있습니다. 다름이 아니라 틀림을 만날 수 있습니다. 그 때 지혜롭고 절제된 언행을 대하며 그리스도의 편지와 향기가 되는 인격이 되시기를 소망합니다.

약속은 메트리스와 같습니다

하나님과 교회를 향한 순수한 열정을 갖고 목회하던 젊은 전도사님이 드디어 결혼을 하게 되었습니다. 신랑 전도사님과 신부 새끼(?)사모님께서 첫날밤을 맞이하게 되었습니다. 평소의 습관대로 신랑은 무릎을 꿇고 기도를 드렸습니다. "예수님! 오늘 밤 저에게 성령의 능력과 힘을 주시며 저희들을 옳은 길로 인도하여 주옵소서!" 그러자 옆에서 그 기도를 듣던 신부가 이렇게 이야기하였다고 합니다. "전도사님! 그저 힘만 달라고 기도하세요. 혹 어느 길로 가야할지 모르시면 제가 알아서 인도해 드릴게요!"

저도 수많은 결혼식을 주례하였습니다. 그런데 정말 순수한 열정을 가진 젊은 전도사가 결혼 며칠을 앞두고 저에게 이렇게 말하는 것이었습니다. "목사님, 예배로 출발하는 우리들의 결혼은 결혼이지만 동시에 사명과 소명의 새로운 시작이라고 생각합니다. 그래서 신혼여행을 기도원으로 다녀오겠습니다!" "3박 4일을 다 기도원에서?" "예!" 힘차게 대답하는 그에게 저는 거의 명령하듯이 대답해 주었습니다. "기도원은 평생 원하면 갈 수 있는 것 아니에요? 그러므로 신혼여행을 제대로 다녀 온

후에 사명과 소명 감당을 위해 생활 속에서 아내와 함께 기도하세요!"

기독교인의 삶에는 좋은 의미에서 이중성이 있어야 합니다. 첫째, 비둘기처럼 순수해야 합니다. 둘째, 뱀처럼 지혜로워야 합니다. 지혜 중에 중요한 지혜는 쉽게 감동을 받고 쉽게 말해 버리지 않는 것입니다. 특히 상대방의 의중을 헤아리지 않고 감정대로 말하는 것은 금해야 합니다. 너무 과한 것은 좀 모자란 것 보다 못하기 때문입니다. 그러므로 교회 혹은 가정에서 말하기 전에 꼭 두 가지 황금 문을 통과하는 묵상이 필요합니다. 첫째, 꼭 지금 말해야 하는가? 둘째, 이 말이 우리에게 유익할까? 아니면 내게만 좋은 것일까?

급히 약속하거나 맹세하는 일은 상대방 뿐 아니라 결국 자신에게도 좋은 결과로 다가오지 않을 것입니다. 전기의자에 앉은 사형수에게 쉽게 감동되는 성품의 목사님께서 이렇게 말씀하였습니다. "이제 마지막 소원을 들어 줄 순간입니다. 무슨 소원이든지 말해 보세요. 제가 다 들어드리겠습니다." 그러자 이 사형수가 이런 청원을 하더라는 것입니다. "고마워요 목사님! 제 소원은 목사님의 그 따뜻한 손으로 제 손목을 감싸주시는 것이에요. 그것도 꼭 감싸주시면 너무 고맙겠어요. 그렇게 해 주신다면 저는 안심하고 죽을 수 있을 것을 확신합니다. 그렇게 해 주실 줄로 믿습니다!"

목사는 교인들에게, 부모는 자녀들에게, 교회 평신도 지도자들은 사회복지단체에게, 선교사에게, 미자립 교회에게, 또는 자라나는 기독청년들

에게 책임지지 못할 약속을 함부로 하지 않는 지혜와 절제가 있어야 합니다. 그래야 양치기 소년이라는 비아냥거림을 듣지 않을 수 있습니다. 입다 혹은 헤롯이 되지 않을 수 있습니다. 그러나 혹 당회 및 기타 협의체에서 결의되어야 할 일을 "제가 다 들어드릴게요."라며 성급히 약속을 하였습니까? 그리고 상황이 바뀌어 지금은 자신의 그 약속을 지키지 못하게 되었습니까? 그러면 핑계를 대거나 연락을 두절하는 비겁한 일을 하지 말아야 합니다. 자신의 몸과 돈을 드러서라도 그 약속을 지켜야 합니다. 약속은 매트리스와 같습니다. 협의된 약속은 그 위에서 피차 평안함을 누릴 수 있습니다. 그러나 급한 마음에 일방적으로 한 약속은 매트리스에 눌려 피차 질식하는 일을 당할 수 있기 때문입니다.

입닥! 주닥!

환경산업에 종사하는 분께서 이런 실험을 하였습니다.

세 개의 콩나물 시루에 1번, 2번, 3번이라는 이름을 붙였습니다.
그 후 의도된 실험을 시작하였습니다. 세 개의 콩나물시루 중,

1번은 아무 표정, 아무런 말없이 물을 주었습니다.
2번은 화를 내며 때론 저주스러운 말을 하며 물을 주었습니다.
3번은 환하게 웃으며 칭찬까지 하며 물을 주었습니다.

그 후 결과가 나왔는데 정말 믿을 수 없을 정도였습니다.

1번은 그저 고만 고만하게 자랐습니다.
2번은 비린내가 나며 어떤 것은 시커멓게 썩었습니다.
3번은 반짝반짝 빛이 나며 먹음직스러운 나물로 자랐습니다.

누군가 이런 말을 하였습니다. "말은 습관을 바꾸고 습관은 운명을 바

꾼다." 말의 색깔이 성도님 삶과 가정의 색깔을 바꾸게 됩니다.

"사람은 그 입의 대답으로 말미암아 기쁨을 얻나니

 때에 맞는 말이 얼마나 아름다운고"(잠언15:23).

표정의 색깔이 바뀌면 먼저 성도님의 마음의 변화가 올 것입니다.
미소 짓는 얼굴을 가진 사람에게는 그의 위도 미소를 머금습니다.
'그럼에도 불구하고' 맑게 웃으면 보는 사람도 밝아지게 됩니다.
그래서 웃는 얼굴에 침을 뱉지 못할 것입니다.

가정과 사회에서 "입닥! 주닥!"하지 마세요.
"입 닥쳐! 주둥이 닥쳐!"하지 마세요.
복을 비는 말, 격려하는 표정을 선용하세요.
그런 입술의 열매를 주위 사람뿐 아니라 성도님도 맛있게 먹을 것입
니다.

천사장의 선풍기

어느 사람이 죽어서 천국으로 갈 것인지 지옥으로 갈 것인지를 결정하는 처소에 도착하였다고 합니다. 그 사람은 두렵고 신기한 마음에 이곳 저 곳을 살펴보는데 그 방의 벽에 시계들이 많이 있는 것이 아닙니까?

궁금하여 왜 이리 시계가 많냐고 물어보았더니 안내원이 이렇게 대답하더라는 것입니다. "저 시계들은 자신이 다른 사람들을 비판, 비난했던 횟수에 따라 빨리 돌아가는 시계입니다!" 그의 말을 듣고 궁금한 마음에 자신의 시계는 어디에 있는지 찾아보았습니다. 아무리 찾아도 자기 이름이 붙은 시계가 없기에 다시 안내원에게 물어보았다는 것입니다.

"제 시계가 없네요? 혹 어디에 있는지 아시는지요?" 그러자 그 분은 잠시 명부의 이름들을 찾아보더니 "얼랄라? 선생님의 시계는 너무 빨리 돌아서 천사장께서 선풍기로 사용하고 있네요!" 말하더라는 것입니다.

흔히 교회 다니는 사람들은 말 잘 한다고 합니다. 그 좋은 재능을 가

지고 지금처럼 어렵고 힘들 때 서로에게 힘이 되는 말과 행동 한 가지를 실천하는 성도가 되었으면 합니다. 대한민국에서 열린 2002 월드컵 4강 결정전은 페널티킥으로 가름되었습니다. 연장전이 끝나고 페널티킥을 차고자 할 순간에 모든 선수들과 코치, 그리고 감독의 모습이 지금도 눈에 선합니다.

그들은 누가 명령하지 않았는데도 지친 몸을 이끌고 모두 일어났습니다. 서로의 어깨를 감쌌습니다. 그리고 페널티킥을 차는 선수를 향하여 일심으로 간절히 기도하는 모습에서 우리는 위기 때 더욱 뭉치는 능력을 보았습니다. 그리고 월드컵 4강이 현실이 되었습니다. 그 모습은 IMF 때 다시 재현되었습니다.

교회와 가정이 어렵고 힘들 때 서로에게 더욱 필요한 것이 있습니다. 갈고리가 아니라 솥뚜껑이 되는 것입니다. 비판자가 아니라 위로자가 되어야 합니다. 썰렁맨이 아니라 치어리더가 되어야 합니다. 군기반장이 아니라 군종사병이 되면 결국 난관을 뚫고 승리할 수 있습니다. 그런 곳에 성령께서 역사하시며 하나님께서 우리 편이 되어 주시기 때문입니다.

"비판치 말라! 그리하면 너희가 비판을 받지 않을 것이요 정죄하지 말라! 그리하면 너희가 정죄를 받지 아니할 것이요 용서하라! 그리하면 너희가 용서를 받을 것이요."(눅6:37). 이 말씀을 깊게 사색할수록 성도님은 천사장의 선풍기가 되지 않을 것입니다.

하나님이 말리시면 말하지 마세요!

과테말라 선교사 김상돈 목사님의 이야기입니다. 자신의 안식년을 제주도에서 선교훈련 및 재충전의 기회로 보내던 중 원치 않는 병을 얻게 되었습니다. 어느 날 입이 삐뚤어진 것입니다. 그러나 치료과정 중에 예정된 인천성시축제 강사로 오서서 강단에 섰습니다. 화면에 꽤 삐뚤어진 입 모양새가 선명하게 나왔습니다. 그 때 선교사님께서 이런 말씀을 하셨습니다.

입이 삐뚤어진 것이 자신의 마음에 큰 부담이 되어 기도하던 중 "하나님, 제가 이렇게 된 것이 보시기에 좋습니까?" 질문을 드렸습니다. 그랬더니 하나님 응답 주시기를 "보기에 좋다!" "정말요?" "그래, 보기에 참 좋다!" "이렇게 입이 삐뚤어진 채 수많은 교인들 앞에 서야 하는데 그래도 보기 좋습니까?" 말씀드렸더니 하나님께서 선교사님 마음속에 이런 음성을 주시더라는 것입니다. "그래, 입은 삐뚤어졌어도 말은 바르게 하라!"

그러면 어떻게 해야 말을 바르게 할 수 있습니까? 세상에서 주장하는 여러 가지 묘책이 있으나 우리는 성경에서 그 해답을 찾아야 합니다. 성경은 하나님의 자녀들의 신앙과 삶의 유일한 법칙이기 때문입니다. 성경은 자신의 말과 행동의 결정권을 성령님께 드려야 바른 말과 행동을 할 수 있음을 증거하고 있습니다. 즉 성령의 인도에 민감한 성도가 되어야 합니다.

성령이 말리면 하던 말도 하지 않고 행동도 중단하는 것입니다(행 16:6-10). 바울 사도가 소아시아 지방 선교를 수없이 언급하며 기도하였으나 성령께서 말리시니 즉시 중단하였습니다. 좋은 뜻의 말 혹은 내가 진정 확신하는 일이라도 우선적으로 성령의 음성에 순종하는 신앙이었습니다. 그 결과는 사도 바울은 첫 번째로 하나님께서 예비해 놓으신 유럽선교의 큰 문을 당당히 들어가는 축복을 받았습니다. 동시에 자신의 선교사역을 지연시키고자 했던 악한 역사에 대하여 선제공격을 하는 쾌거를 이루게 되었습니다.

반대로 자신이 말하고 싶지 않고, 행동하기 싫어도 성령이 하라 하면 과감히 실행하는 것입니다. 예수님께서도 너무 힘들어 아버지 하나님께 자신의 십자가를 피하게 해달라고 강청기도를 드렸습니다. 그러나 성령께서 이끄시고 강권하시자 저들의 죄를 용서해 달라는 말씀과 함께 고난의 십자가를 기꺼이 지셨습니다. 그 결과는 온 인류 중 주님을 구주로 영접하는 분들에게 영육간의 구원과 영생을 얻게 되는 축복의 통로가 되신 것입니다.

　그러므로 우리는 무엇을 말하거나 행동하기 전에 꼭 이런 기도를 드려야 합니다. "성령님, 저의 언행을 100% 장악하여 주옵소서!" "제한없이 저의 말과 행동을 주관하여 주옵소서! 주의 종이 듣겠나이다!" 자신을 온전히 비우고 성령으로 충만케 하면 때론 전과 달리 성령께서 침묵을 요구하실 수도 있습니다. 혹은 교회와 교인들과의 관계에서 이해와 배려가 담긴 언행으로 인도하실 것입니다.

　어느 분께서 하나님께 사람을 창조하실 때 왜 남자를 먼저 만드셨느냐는 질문을 하였습니다. 그러자 하나님께서 말씀하시기를 만일 여자를 먼저 만들었다면 그 후 남자를 만들 때 그 여자가 여기는 짧게, 저기는 길게 만들어 달라 혹은 저기는 굵게, 여기는 얇게 만들어 달라는 잔소리가 심해서 결국 남자 만들기를 포기할 것 같아서 그렇게 했다는 우스개 소리가 있습니다. 남녀 모두 말이 너무 많은 것은 좀 모자란 것보다 유익하지 않습니다.

혀의 권세

중복 무더위가 기승을 부리던 어느 날 아주머니가 수박을 고르고 있었습니다. 옆에서 과일가게 주인은 "우리 집 수박은 고를 필요가 없어요. 이것 전부 다 잘 익어 속이 새빨갛고 참 달아요!"라며 훈수를 두었습니다. 그 아주머니 그의 말을 믿고 한 통의 수박을 사서 들고 오던 중 그만 아파트 입구 계단에서 떨어트리고 말았습니다. 수박이 깨지고 말았는데 속은 빨갛지도 않고 엷은 분홍색이며 설익은 상태였습니다. 화가 난 아주머니는 과일가게로 가서 목소리 높여 따졌더니 주인 양반 대답이 걸작이었습니다. "사모님! 이 수박 녀석이 계단에서 굴렀으니 창백해지는 것이 당연하죠. 제가 당장 더 좋은 수박으로 바꿔드리고 덤으로 참외도 두 개 드릴게요!"

한 아저씨가 식당에서 설렁탕을 먹던 중 새끼손톱 크기만 한 돌을 발견하였습니다. 몹시 기분이 안 좋아 소리쳐 주인을 불러서 "이리와 보세요. 이거 돌이잖아요?" 따졌습니다. 그러자 주인 양반 미안한 표정과 함께 밝게 웃으며 이렇게 대답하였습니다. "너무 죄송합니다. 저희들의 실수입니다. 그러나 6000원짜리 설렁탕에서 진주가 나올 리가 없잖아요?

새로운 설렁탕에 고기를 듬뿍 집어넣어 다시 올리도록 하겠습니다!"

아주 무더운 어느 날 저녁이었습니다. 각자 여름휴양을 떠나기 전에 한 번 대접을 해야겠다는 마음에 시무교역자 가족들을 초청하였습니다. 실내장식이 참 고전적인 음식점이었습니다. 그러나 그 날 저녁에 비바람이 엄청났습니다. 열려 있던 창문으로 순간 회오리바람이 들어오더니 천정에 달려있던 큰 바가지가 떨어지고 말았습니다. 하필 그 바가지가 머리가 작은 부목사님 사모님의 머리에 떨어질 줄이야……. "써~ 억!"

모두 그 소리에 놀랐습니다. 여주인도 그 소리를 들었던 것 같습니다. 그 주인은 무슨 일이기에 이렇게 소란이냐는 표정으로 어슬렁어슬렁 걸어왔습니다. 그리고 바가지에 맞아 얼굴이 상기된 사모님을 무표정으로 바라보더니 아무 말도, 한 마디의 사과 인사도 하지 않는 것입니다. 도리어 머리에 맞아 깨어진 바가지를 유심히 살펴볼 뿐이었습니다. 그 주인이 반응한 것은 오직 한 가지였습니다. 비바람이 짜증난다는 표정으로 그 바가지를 다시 선반에 올려놓는 것이었습니다. 그리고 우리 일행을 쳐다보지도 않고 그냥 다시 가버리고 말았습니다. 우리 모두 꾹 참았습니다. 그리고 저도 마음으로 이런 각오를 하였습니다. "이 집은 앞으로 공짜로 음식을 대접한다 해도 다시는 오지 않을 것이다!"

말 한 마디가 인간관계에 있어서 상대방의 마음을 좌우할 수 있습니다. 얼음장 같았던 마음을 녹일 수 있습니다. 반면 따뜻한 마음을 얼음

장 같이 만들 수 있습니다. 그래서 잠언 기자는 "죽고 사는 것이 혀의 권세에 달렸나니 혀를 쓰기 좋아하는 자는 그의 열매를 먹으리라"(잠 18:21)고 말씀하셨습니다. 심지어 "선한 말은 꿀 송이 같아서 마음에 달고 뼈에 양약이 되느니라"(잠16:24)고 하였습니다. 선한 말이란 상대방을 배려하는 말을 의미합니다. 그런 말은 피차 마음에 양약과 같은 말이 될 것입니다.

"꿀 송이 같다"라는 단어에는 '꿀단지 같다'는 뜻이 담겨져 있습니다. 선한 대답은 상대방에게 꿀 송이 같고 때론 꿀단지 같은 영양가를 가지게 된다는 의미입니다. 그 당시의 꿀은 지금은 장뇌삼이나 산삼 정도의 진귀한 음식이었는데 성도님들의 지혜롭고 은혜로운 대답이 가정과 교회 그리고 사회에서 상대방의 마음과 영혼에 그런 효과와 능력이 나타나기를 진심으로 소망합니다.

한번 보면 유머 두번 보면 잠언

초판1쇄 발행 / 2014년 04월 30일

지은이 / 이건영
펴낸이 / 채주희
펴낸곳 / 엘맨
등 록 / 제10-1562호(1985. 10.29)
주 소 / 서울특별시 마포구 신수동 448-6
전 화 / (02) 02-6401-7004
팩 스 / 080-088-7004

가 격 : 13,800원

IBSN 978-89-5515-513 03230